ベリーズティールームの本格紅茶と英国菓子レシピ

ティールームで
成功する、
お店づくりの
素敵なこだわり

小関由美＋和田真弓

『はじめに』

OLの頃に通い始めた紅茶教室で、すっかり紅茶の魅力にとりつかれた私は、
紅茶や洋食器関連の本を、買い集めていました。
そのうちの何冊もの著者は、「小関由美」先生で、
あの頃、それらの本を読みながら、英国のティールームに想いを馳せていました。
あれから10数年後、小関先生にお誘い頂き、共著で本が出せるなんて、
なんという巡り合わせでしょう！

「紅茶に、一生関わって生きていきたい」
そんな想いで開店したのが、「ベリーズティールーム」です。
私にとって英国菓子は、〝紅茶の引き立て役〟程度の位置づけだったのですが、
毎日、英国菓子のこと考え、英国菓子を作り続けているうちに、
百貨店から出店依頼がきたり、取材依頼がきたり、
注目して頂けるようになりました。
しかし、そのスピード感についていけず、
「紅茶専門店を開いたつもりなのに、どこへ向かっているのだろう」と悩んだことも。
（今思えば贅沢な悩みです！）
けれども、日々のティールームの営業の中、
「英国菓子って、こんなにおいしいのですね」、「素敵な時間を過ごせました」といった、
お客様の心温まる言葉、笑顔、ひとつひとつが、私の中で蓄積され、糧となり、

「もっと、喜んでもらいたい」、
「もっと、おいしい紅茶とお菓子を楽しんでいただきたい」
と、がむしゃらに、英国菓子の研鑽を重ねる原動力となりました。

そして、ある時気づいたのです。
ベリーズティールームは、「紅茶」と「英国菓子」、
どちらが欠けても成り立たないことに。
いつしか、私の中でも、どちらも欠かせない、愛すべき存在になっていました。

日々、紅茶を淹れ、英国菓子を作り、
気づけば10年が経とうとしています。
10年の軌跡と、レシピを集約したこの本が、
皆様の日常のティータイムを
彩るお手伝いができますように。
また、ティールームを開く夢を抱く方へ
のエールになりますように。

2023年1月　和田真弓

Contents

はじめに ……… 2
この本で使用している、材料や道具、計量について ……… 6
ベリーズティールームについて ……… 8
アフタヌーンティーについて ……… 12

第1章 ベリーズティールームのアフタヌーンティー 17

トラディショナルアフタヌーンティー ……… 18
英国小麦のヴィクトリアンサンドイッチケーキ …… 20
オートミールクッキー …… 21
レモンのバタフライカップケーキ …… 22
トライフル …… 24
バターファッジ …… 25
【スコーンの作り方】 ……… 26
プレーンスコーン …… 26
フルーツスコーン …… 30
ローズのスコーン …… 31
うさぎたばこのスコーン …… 31
キャンディ紅茶のスコーン …… 32
クランベリーとホワイトチョコのスコーン …… 32
ホットクロススコーン …… 33
ドライトマト&オリーブのスコーン …… 34
カレー&カレンズのスコーン …… 35
エダマメ&チーズのスコーン …… 35

ヴィクトリアンローズのアフタヌーンティー ……… 36
アップルローズケーキ …… 38
ローズカップケーキ …… 39
ラズベリームース&ローズゼリー …… 40
メルティングモーメント …… 42
サーモンローズのオープンサンド …… 43
【サンドイッチの作り方】 ……… 44
キューカンバーサンドイッチ …… 44
卵のサンドイッチ …… 46
サーモンのサンドイッチ …… 46

イースターのアフタヌーンティー ……… 48
うずらの卵入りケークサレ …… 50
デビルエッグ …… 51
サーモンクリームチーズのオープンサンド …… 51
シムネルケーキ …… 52
イースタービスケット …… 53
マンゴームース …… 54
抹茶のイースターカップケーキ …… 55

ピーターラビットのアフタヌーンティー ……… 56
カモミールティー …… 58
ピーターのハムエッグ …… 58
おとうさんのパイ(コテージパイ) …… 59
ニンジンのオープンサンド …… 59
キャロットケーキ …… 60
ホウレンソウのヴィクトリアンケーキ …… 62
イートンメス …… 63

紅茶づくしのアフタヌーンティー ……… 68
紅茶ポークのクランペット・オープンサンド …… 70
バラブリス …… 71
ローズ紅茶のクッキー …… 72
アッサム紅茶のカップケーキ …… 73
ルフナ紅茶のミルクティーゼリー …… 74
イチジクとディンブラ紅茶のティーケーキ …… 75
【クランペットの作り方】 ……… 76
クランペット …… 76
エッグベネディクト …… 80
バナナ&トフィークリーム・ソースのクランペットサンド …… 81
クランペットトラバー、おすすめの食べ方 ……… 82

英国のクリスマス・アフタヌーンティー …… 86
チキンのオープンサンド、クランベリーソース添え …… 88
ブロッコリームース …… 89
クリスマスピンチョス …… 89
ミンスパイ …… 90
オレンジカップケーキ …… 92
イチゴのムース …… 93
ジンジャーブレッドマン …… 93

第2章 紅茶とティーウェア 109

ベリーズティールームのおいしい紅茶はいかが？ …… 110
英国式ゴールデンルールとは？
おいしい紅茶の淹れ方 …… 112
ロイヤルミルクティーの淹れ方 …… 114
おいしいアイスティーの淹れ方 …… 116
【アレンジ・アイスティーの作り方】 …… 118
ローズティーソーダ …… 118
ベリーティーソーダ …… 118
オレンジティー …… 119
マスカットティー …… 119
ティーソーダ …… 119
ベリーズティールームのおすすめ紅茶 …… 120
浜田山 …… 120
貴婦人 …… 121
ベリーズベリー …… 121
クリスマスティー …… 122
ダージリン セカンドフラッシュ …… 124
ヒマラヤン オータムナル …… 124
ルフナ …… 125
ラプサンスーチョン（中国紅茶） …… 125
ベリーズティールームのお気に入りテーブルウェア …… 126

第3章 ベリーズティールーム人気のお菓子 141

キンカンポピーシードケーキ …… 142
イチゴのアップサイドダウンケーキ …… 144
サマープディング …… 145
レモンドリズルケーキ …… 146
【ショートブレッドの作り方】 …… 148
ショートブレッド …… 148
ラベンダーのショートブレッド …… 151
ルバーブクランブルタルト …… 152
ブラムリーアップルタルト …… 154
コーヒー＆ウォールナッツケーキ …… 156
バナナ＆トフィーケーキ …… 158
ベイクウェルタルト …… 160
レモンメレンゲパイ …… 162

おわりに …… 172

94 アフタヌーンティーダイアリー

Column

64 イギリス、カントリーサイドのアフタヌーンティー
98 イギリスの貴族の館で、アフタヌーンティー
168 進化する日本のアフタヌーンティー

ベリーズティールーム・ストーリー
102 1 開業編 ティールーム開業までの道のり
134 2 経営改善編 オープンから試練の開業1年
164 3 経営拡大編 現在、そして未来への展望

この本で使用している、材料や道具、計量について

材料

その他

以下の材料は、市販品を使っています。製菓材料店や輸入食料品店などで手に入ります。

マジパン

アーモンドパウダーに卵白や砂糖等を加え、ペースト状にしたものです。

ミックススパイス

イギリスのお菓子の風味付けによく使われます。シナモンがメインで、ジンジャー、クローブ、オールスパイスなど数種類のスパイスを混ぜて作られています。

ローズシロップ

バラの華やかなフレーバーのシロップは、フランスの老舗、モナン社のローズシロップがおすすめです。

ドライフルーツ

レーズンやクランベリーなどのドライフルーツは、オイルコーティングされていない、製菓用のものを使用してください。

砂糖

三温糖

サトウキビから作られる糖液を繰り返し煮つめて作られた、日本特有の精製糖の一種です。香ばしさやコクがあり、上白糖より甘みを強く感じます。

微粒子グラニュー糖

グラニュー糖の粒子が細かくなったもので、生地によく混ざりやすく、お菓子作りに向いている砂糖です。お店ではよく使用しています。細目グラニュー糖、微細グラニュー糖も同じもので、製菓材料店などで販売しています。この本では、「微粒子」の記載のないものは、通常のグラニュー糖を使用しています。

**モラセス
ブラウンシュガー**

砂糖を精製する際に残された糖類がモラセス(糖蜜)、ブラウンシュガーとなります。独特な風味とコクがあるので濃厚な味わいがあり、フルーツケーキなどの英国菓子によくあいます。モラセスは、メーカーや種類によって味の違いがありますが、この本ではマイルドタイプを使っています。

小麦粉

北海道産の「ドルチェ」

本書では特別の記載がない場合、薄力粉はすべて北海道産の「ドルチェ」を使用しています。お菓子全般にむいている小麦粉で、スポンジケーキはしっとり、ビスケットなどはサクサクとした食感の焼き上がりになります。

**英国産小麦粉
「ドーヴスファーム」**

イギリス南東部バークシャーの農家、製粉業者の小麦粉「ドーヴスファーム」は、持続可能な農法により、穀物をゆっくりと育て、お菓子やパン、ケーキに最適な小麦粉を作っています。
英国産小麦粉は、日本の小麦粉に比べてミネラル、繊維質、たんぱく質が豊富な灰分を多く含み、製粉の挽きが粗いので、日本の中力粉に近い感じです。そのためビスケットに使用すると、コシのあるどっしりした生地になり、ホロホロとした焼き上がりになります。ケーキに使用すると膨らみにくいので、ベーキングパウダーを通常のレシピの1.5倍に増やして使います。

道具

スコーン丸抜き型

ベリーズティールームではスコーンを作る際に、丸型の抜き型5.5cmを使用しています。

パウンド型、ホールケーキ用丸型 タルトリング

この本では、パウンド型はL（縦21.8cm、横8.7cm、高さ6cm）を使用、ホールケーキ用の丸型は15cmの底が抜けるタイプのものを使用しています。クランペットを焼くには、イギリスでは専用の「クランペットリング」を使用しますが、日本では手に入りにくいので、ベリーズティールームでは直径7.5cmのタルトリング（セルクル）を使用しています。

スタンドミキサー「キッチンエイド」

100年以上の歴史があるアメリカ製のスタンドミキサーです。家庭用のミニサイズもあり、付属のアクセサリーを使うと、パスタやパン生地、メレンゲ、ホイップクリームなどもできます。お店ではスコーンを作るときなどに使用しています。

カード

スケッパー、スクレーパーともいい、生地を混ぜたり切ったりするときにとても便利。お菓子やパン作りには欠かせない道具のひとつです。

オーブン

お店では家庭用オーブンより庫内温度が高い、業務用オーブンを使用しています。そのためこの本では、家庭用オーブンに合わせて、設定温度を20℃下げています。お菓子の焼き色がつきにくい場合は、温度設定を上げてください。

ベイキング用シート「シルパット」

グラスファイバーにシリコンコーティングがほどこされている、オーブン用シートです。天板にそのまま入れて使用できます。生地などをこねる際に敷くと、生地がくっつきにくく、打ち粉をしなくても成型できます。

計量

大さじ1＝15mg、
小さじ1＝5mg

として、計量しています。

ベリーズティールームについて

東京の閑静な高級住宅街、浜田山の駅から徒歩1分にある「ベリーズティールーム」は、かわいらしいピンクの扉が目印になっている、英国菓子と本格紅茶のティールームです。

2013年に浜田山でオープンしたベリーズティールームは、その後2018年10月に、同じく浜田山にある現在の店舗へ移転しました。私が最初にお訪ねしたのは、移転前のお店。紅茶好き、英国菓子好きの友人と一緒におうかがいしたのですが、手作り感満載のとてもかわいらしいお店でした。オーナーの和田真弓さんがおひとりでやっていらっしゃるようで、席数も少なめ。サーブされるまでにちょっと時間がかかったのも、（素人さんからお店をお始めになったばかりなんだろうな）と、ほほえましい感じでした。

その後和田さんにお会いしたのは、デパートの英国展にて。クランペットを出先で焼くとお聞きしたからです。クランペットは、イギリスに住んでいた頃よく食べた私の大好物。もちもちっとした生地が特徴のパンのようなパンケーキのようなもので、朝食に、あるいはおやつなど、軽食にぴったりなのです。

そのクランペットで、ベリーズさんが大ブレイク！詳しくは和田さんがお書きになった「ベリーズティールームストーリー2」（136ページ）をお読みいただきたいと思います。その後お店を移転されてから、私のまわりのイギリス好き、英国菓子好きの間から「ベリーズティールームのアフタヌーンティーは食べた？」「予約はとれた？」というのが、合言葉のようにささやかれ始めました。

Text by *Yumi Koseki*

ベリーズティールームの和田真弓さん

店内はピンクとブラウンで統一
デザインは英国専門家へ依頼

現在のお店は、ピンクとブラウンがベースカラーの落ち着いたかわいさの内装が特徴です。こちらを手掛けたのは、英国の住宅を専門に扱う設計会社「コッツワールド」の小尾光一さん。

どうしてお店をこのようなデザインにしたのか？と、小尾さんにお聞きしてみると、

「和田さんからのリクエストは、ピンクとブラウンと花柄というキーワードで、それを徹底しました。入り口は、イギリスらしさや格調を感じさせるクラシカルなイメージで、ロンドンの紅茶専門店・トワイニングやカフェ・ペギーポーションを参考にしました。ドアのトップに、立体的なティーポットがついているのがチャームポイントです。

店内の大理石のカウンターや商品陳列用の造作家具は、ヨークにあるティールーム、ベティーズをイメージしました。洗面所は、ロンドンのゴーリングホテルの昔のドローイングルームの暖炉を参考に、赤いダマスク柄の壁紙が醸し出す厳かな雰囲気を引用したデザインにしました」

日本人にぴったりな
味とサイズと
ボリュームと

オーナーの和田さんは、最初は紅茶専門店をやりたかったとのこと。それゆえか「お菓子にはそんなにこだわっていません」とおっしゃるのですが、私にはそ

店内はピンクとブラウンのベースカラーで、かわいらしく落ち着いた雰囲気

うは思えません。フランス菓子製菓技術を学ばれた影響なのか、イギリスで食べる英国菓子よりも軽く、日本人の口に合うようにできています。そしてアフタヌーンティーセットの量が、ちょうどよいボリュームなのも私は気に入っています。最近、ティーフーズが多すぎるところが、増えてきたような気がします。

　そしてメニューのアイディアが豊富で、季節に合わせたいろいろなティーフーズが登場します。これらは、お店のブログでもレシピを公開しています。

入口ははなやかなピンクでまとめ、ドアトップの立体的なティーポットはチャームポイントに

　また和田さんは経営者としても、尊敬する存在です。数年前に、和田さんがお店についてお話する、初めてのセミナーにおうかがいしたときのこと。最初はマイペースにのんびりとおやりになっているのかな？と思っていたのですが、オープン時に経営状態が一時期悪化したこと、その後Cha Tea紅茶教室主宰の立川碧先生のアドバイスで、英国菓子のお店に変更したこと、そしてクランペット販売を決意、それがテレビなどで紹介されたことなどをお話していたのです。

　和田さんとは今までに何度かお会いして、お話する機会もあり、おとなしい方なんだろうと勝手に決めつけていたのですが、セミナーをお聞きして、経営者としての行動力、積極性がすごい！とびっくりしました。それで英国菓子と紅茶を扱う、おいしくてかわいらしいお店、ということだけでなく、和田さんの意外な一面もぜひあわせてご紹介したい！和田さんが経験したことは、これからお店を開きたいと思っている人々の参考になるのでは？と考え、ご一緒に本を作りましょうとお誘いした次第なのです。

アフタヌーンティーについて

アフタヌーンティーとは直訳すると「午後のお茶」ですが、イギリス発祥のお茶とティーフーズがセットになったものを、貴族が午後に食べたことから由来しています。

イギリスでは18世紀中ごろまで1日2食が一般的でした。オイルランプやガス灯の普及により、正餐が中流・上流階級の間では、やがて夜8〜9時頃へと移っていきます。

ヴィクトリア女王の女官だったベッドフォード公爵夫人、アンナマリアはこれがあわず、夕方になるとおなかがすいて、召使にこっそりとお茶やパンを運ばせ、食べていたそうです。社交家の彼女は、友人たちを自邸「ウォーバン・アビー」に招待した際には、小さなケーキとサンドイッチ、お茶を午後5時に一緒に楽しんだのが、アフタヌーンティーの始まりといわれ、19世紀後半には中産階級にこの習慣が広まっていきました。ロンドンから車で約1時間、

イギリスのカントリーハウスホテルでいただいた、シャンパンアフタヌーンティー。

木製のアンティーク・ケーキスタンド。

Text by *Yumi Koseki*

ベッドフォード・シャーにあるウォーバン・アビーは、敷地内にゴルフコースや動物園まである広大な敷地に、ベッドフォード公爵夫人が住んでいた大きな邸宅が今でも残されています。

アフタヌーンティーのスタイル、メニュー

アフタヌーンティーは、「スリーティアーズ」と呼ばれる3段のケーキスタンドに、お菓子やサンドイッチを載せて、うやうやしく運ばれてくるのが特徴です。もとはそれぞれ平皿に盛られていたそうなのですが、テーブルがいっぱいになってしまうため考えられたものだとか。また、いっぺんにティーフーズを運ぶことができるため、ホテルやレストランの人手不足を解消するために使われたともいわれています。

ロンドンの高級ホテルでのアフタヌーンティーでは、3段ではなく2段のこともあります。最初に運ばれてくるサンドイッチは、「サンドイッチプレート」という専用の陶磁器皿で提供されます。それを食べ終えてから、温められたスコーンとお菓子が2段セットになって出てきます。

ロンドンのホテル「ザ・ドーチェスター」でのアフタヌーンティーは、まずサンドイッチからサーブ。

ケーキスタンドが2段の、カジュアルなアフタヌーンティーセット。

ロンドンの高級ホテル「クラリッジス」のアフタヌーンティー。ケーキスタンドは、長方形タイプ。

「ザ・ドーチェスター」のシャンパンアフタヌーンティー。

アフタヌーンティーのメニューの代表的なものは、サンドイッチ、スコーン、お菓子の3種類。サンドイッチは「ティーサンドイッチ」という、フィンガーサイズにカットされたもの。特徴的なフィリングは、キューカンバー（キュウリ）です。エリザベス女王も大好物だったというこのサンドイッチ、ヴィクトリア朝時代には生野菜がたいへん貴重だったことから生まれました。

　お菓子は以前「プチフール」という、ひと口サイズの焼菓子やビスケットが多かったのですが、最近はバリエーションが豊富になってきました。ケーキはもちろんのこと、「クール・デザート」という、ムースやゼリーなどが小さなグラスに入って出てきます。これはロンドンのホテル、クラリッジスのシェフが最初に始めたといわれています。

　スコーンはイギリスの典型的な家庭菓子でしたが、今ではアフタヌーンティーに欠かせない存在です。高級ホテルでは小ぶりで、カントリーサイドのティーハウスでは大きくて形もユニークなものが多いようです。スコーンに添えるのは、クロテッドクリームとジャム。クロテッドはイギリス南西部の酪農地帯、デボンシャーが発祥ですが、そのお隣のコンウォール産も有名です。ジャムはベリー系が伝統的ですが、最近ではレモンカードや季節のフルーツのジャムなども使われます。

　最近では「シャンパンアフタヌーンティー」というメニューも人気です。シャンパン付きのアフタヌーンティー・セットのことで、会社の接待に、あるいは友人、家族の誕生日やお祝い事のときに、こうしたアフタヌーンティーを囲んでいるシーンをよく見かけます。

アフタヌーンティーでのマナー

「アフタヌーンティーでのマナーを教えてください」と、よく聞かれるのは、それは貴族が始めたものだからなのかもしれません。いろいろとマナーがあるといわれていますが、私はあまり気にしなくていいかな、と思っています。以前ガイドブックの取材のために、ロンドンの高級ホテルのアフタヌーンティーをいくつか訪れましたが、なかでもブラウンズホテルのPR担当者は「服装はスマートカジュアル。デニムでもいいけれど、汚れていないもの。スニーカーも同様です」と言っていました。

　要はまわりの人々と同じように雰囲気になじんで楽しくいただければいいのでは、と思います。スリーティアーズに並べられたティーフーズは、サンドイッチからいただくのが基本ですが、私はサンドイッチを少し味わった後、お菓子やその他のフーズもいただいて、またサンドイッチを食べることもあります。全体のボリュームが多いときは、すべてを食べきれないときもあるので、まずそれぞれの味を知って、自分の好みのものだけを食べたいからです。

　紅茶を飲むときも、カップの持ち手を持つときに小指を立てるのはよくない、いや、たてたほうが上品だ、ということもよく言われます。私としてはどちらでもお好きなように、と考えます。

　『紅茶を受け皿で――イギリス民衆芸術覚書』（小野二郎著・晶文社）という本で知ったのですが、ヴィクトリア朝時代、上流階級の人々が紅茶をカップか

ウェッジウッド「ワイルドストロベリーの アフタヌーンティー」。

ら受け皿に入れて飲んでいた風習が、庶民に広まりました。しかし後世では下品な飲み方とされ、次第に見かけなくなりました。この本では、受け皿で飲んだ人を実際に見た著者が、その様子を描いています。

マナーや習慣、風習は、ところや時代が変われば変わるもの。いろいろなやり方があります。とにかく同席した友人たちや、周囲の人々を不快にさせなければいいのでは？と考えます。

イギリス式!? 交渉術

イギリスに住んで、その後仕事で通うようになって「なるほど！」と思ったのは、イギリスでは主張と交渉が大切ということです。以前イギリスの友人に言われたのですが、「思っているだけではダメ。言葉にして伝えなければ君が何を考え、何をしたいのか、誰にもわからない。言わなくてもわかるよね、というのはなし」と。けれど、自分の意見を主張した上で、それを是が非でも押し通す！というのではなく、その後は交渉です。

たとえばイギリスのカフェやレストランで。「自分はヴェジタリアンなので、このサンドイッチからハムを抜いてくれる？」とお店のスタッフに言ってみる。「OK！」とカンタンに引き受けてくれる場合もあり、「ダメダメ！」と断られる場合もある。そこで自分の要求がとおらない、ひどい店だ！と思うのではなく、「じゃあ、どのサンドイッチなら野菜だけかしら？」と、もう一度聞いてみます。

アフタヌーンティーのスコーンを食べるときも「もうちょっとクロテッドクリームとジャムをいただける？」（ただし、たのみ事をしているので、丁寧な言葉で。イギリスでは「お客様は神様」ではないのでご注意を）」などと聞いてみる。無料でくれる場合や、エクストラチャージを払うならOKという場合もあります。同じお店でも、スタッフによって言うことが違うのもよくあることです。ただしどうしてもダメなことはダメな場合もあるので、タイミングを見て、いさぎよく引き下がることも大切です。

Afternoon Tea of Berry's TeaRoom

第1章

ベリーズティールームのアフタヌーンティー

トラディショナル
アフタヌーンティー

ベリーズティールームで一番人気のアフタヌーンティーのメニューです。
イギリスを代表するお菓子や英国小麦のスコーン、サンドイッチは3種類。
テーブルウエアは「オールド・カントリーローズ」で揃えました。

Menu

マスカットティー　P.119

アフタヌーンティー・サンドイッチ3種　P.44~46
(キューカンバー、卵、サーモン)

フルーツスコーン　P.30

英国小麦の
ヴィクトリアンサンドイッチケーキ　P.20

レモンのバタフライカップケーキ　P.22

トライフル　P.24

オートミールクッキー　P.21

バターファッジ　P.25

(奥)ヴィクトリアンサンドイッチケーキ、
(手前)オートミールクッキー。

Victorian Sandwitch Cakes

英国小麦の
ヴィクトリアンサンドイッチケーキ

ヴィクトリア女王が愛したという、イギリスを代表するお菓子です。
英国小麦を使い、ざっくりしたスポンジ生地と、ラズベリージャムがベストマッチ。

材料(15cm 丸型　1台分)

無塩バター ……… 100g
微粒子グラニュー糖 ……… 100g
卵 ……… 2個(約100g)
英国小麦粉(ドーヴスファームの
　プレーンホワイトフラワー) ……… 100g
ベーキングパウダー ……… 6g
牛乳 ……… 20ml
ラズベリージャム ……… 50g

下準備

- 卵を常温に戻しておく。
- 無塩バターは指がすっと入るくらいの柔らかさになるよう、常温に戻しておく。
- 型の底と側面に、オーブンペーパーをぴったりと貼っておく。
- オーブンは160℃に予熱しておく。

作り方

1 バターとグラニュー糖をボウルに入れ、ハンドミキサーで白っぽいクリーム状になるまでよく混ぜる。

2 溶きほぐした卵を1/3ずつ加え、その都度よく混ぜる。

3 2に、英国小麦粉とベーキングパウダーを合わせて、ふるい入れる。

4 ゴムベラに持ちかえて、さっくりと混ぜ、粉けがなくなったら牛乳を加え、生地につやが出るまでしっかりと混ぜる。

5 型に生地を流し入れ、160℃のオーブンで約40分焼く。

6 オーブンから出して10cmくらいの高さから軽く落とし、網にとる。粗熱がとれたら型から外し、横半分にスライスし、間にラズベリージャムを挟む。

※英国産小麦粉ドーヴスファームは膨らみにくいので、ベーキングパウダーは通常レシピの1.5倍に増やすこと。

オートミールクッキー＆紅茶のペアリング

オートミールクッキーにあう紅茶は、「貴婦人」インド紅茶を3種類ブレンドした、当店オリジナルブレンドティー。
アッサム紅茶がベースのため、バターたっぷりのオートミールクッキーにも負けない、コクと渋みがあります。ミルクティーにしてもあいます。

Oatmeal Cookies

オートミールクッキー

ざくざくとしたオートミールの食感＆チョコチップで、ついつい食べてしまうおいしさ！
ドライフルーツやナッツ類を混ぜ込むのもおすすめです。

材料（12枚分）

無塩バター ……… 50g
ブラウンシュガー ……… 50g
卵 ……… 1/4個（約13g）
薄力粉 ……… 50g
ベーキングパウダー ……… 2g
オートミール ……… 50g
チョコチップ ……… 25g

下準備

- 卵は常温に戻しておく。
- バターは指がすっと入るくらいの柔らかさになるように、常温に戻しておく。
- 天板にオーブンシートを敷いておく。
- オーブンは150℃に予熱しておく。

作り方

1 ボウルにバター、ブラウンシュガーを入れ、ゴムベラの平たい面ですりつぶすように、クリーム状になるまですり混ぜる。

2 卵を入れ、しっかり混ぜる。

3 薄力粉とベーキングパウダーを合わせて2にふるい入れ、粉けが無くなるまで、さっくりと混ぜる。

4 オートミール、チョコチップを加え、全体を混ぜる。

5 大さじ1サイズの生地を天板に間隔をあけて並べ、フォークの背で軽く押さえて形を整える。

6 150℃のオーブンで、15分～20分焼き、焼き上がったら網などに移して冷ます。

※生地が柔らかくなりすぎたら、ボウルごと冷蔵庫で10分～20分冷やす。
※焼きムラがある場合は、途中で素早く天板の前後を返す。
※チョコチップの代わりに、ドライクランベリー（お湯で戻したもの）やローストクルミもおすすめ。

（奥）トライフル、
（手前）レモンのバタフライカップケーキ。

Lemon Butterfly Cakes

レモンのバタフライカップケーキ

カップケーキの中身をくり抜いて、蝶（バタフライ）のように飾ることからこのネーミングに。自家製のレモンカードとバタークリームで、コクのある甘酸っぱさに。

材料（直径4.5cm、底3cm、高さ2.4cm
ミニマフィン型　12個分）

無塩バター ……… 50g
グラニュー糖 ……… 50g
卵 ……… 1個（約50g）
薄力粉 ……… 50g
ベーキングパウダー ……… 2g
牛乳 ……… 10ml

【トッピング】

材料

レモンカード ……… 120g
バタークリーム ……… 120g

【バタークリーム】

材料（作りやすい分量）

無塩バター……100g
粉糖……100g

下準備

- バターは指がすっと入るくらいの柔らかさになるよう、常温に戻しておく。

作り方

1 ボウルにバターと粉糖を入れ、ハンドミキサーで混ぜる。

2 丸の口金をセットした絞り袋に入れておく。

※残ったバタークリームは、冷凍で約1ヵ月保存可能。

仕上げ

1 焼いて中身をくり抜いたカップケーキに、レモンカードをスプーン等でつめ、その上にバタークリームを絞る。

2 くり抜いた中身を半分にカットし、蝶の形になるように飾る。

下準備

- 卵を常温に戻しておく。
- バターは指がすっと入るくらいの柔らかさになるよう、常温に戻しておく。
- ミニマフィン型に同じサイズのグラシン紙カップを敷いておく。
- オーブンは160℃に予熱しておく。

【カップケーキ】

作り方

1 すべての材料をボウルに入れ、ハンドミキサー（高速）で、約5分混ぜる。

2 1を絞り袋に入れ（口金は不要）、ミニマフィン型に8分目まで生地を絞り入れる。

3 160℃のオーブンで、12分～15分程焼く。

4 粗熱がとれたら、ペティナイフで、半分くらいの深さまで中身をくり抜く。

※きれいに中身をくり抜きたい場合、焼いた当日よりも翌日のほうが作業しやすい。

【レモンカード】

材料（作りやすい分量）

卵……1個（約50g）
グラニュー糖……70g
無塩バター……50g
レモン果汁……50ml

作り方

1 小鍋に卵、グラニュー糖を入れ、ホイッパーでよく混ぜる。

2 残りの材料を加えて中火にかけ、絶えず混ぜながら、全体に火がまわり沸騰し始めたら火を止める。

3 網で濾して別の容器に移し、氷水にあてて急冷する。

※卵が入ったクリームのため、必ず全体に火を通すこと。
※清潔な保存容器に入れ、冷蔵庫で2週間（冷凍庫で1ヵ月）保存できる。

Trifles

トライフル

「ささやかなもの」という意味のトライフル。いろいろなフルーツが使われますが、イチゴやベリー類がおすすめです。市販のスポンジケーキを使っても。

材料（ミニグラス30ml　2個分）

スポンジケーキ生地 ……… 50g
カスタードクリーム（市販品） ……… 少々
ホイップクリーム ……… 少々
好みのフルーツ ……… 適量

下準備

- ヴィクトリアンサンドイッチケーキの生地など、あまったスポンジケーキを2cm角にカットする。
- カスタードクリーム、ホイップクリームを用意する。

作り方

1 ミニグラスにカットしたスポンジを入れ、ハケでシロップ（分量外）を塗る。

2 カスタードクリーム、ホイップクリームの順に入れ、お好みのフルーツ、ミント（分量外）を飾る。

※ トライフルは、「取るに足りないもの」という意味もあるデザート。フルーツは酸味があり、色味もかわいいのでイチゴやラズベリー、サクランボなどがおすすめ。他にブルーベリーやキウイなど、2～3種類、色が違うフルーツを組み合わせると、豪華に見える。

マスカットティー
の材料、作り方はP.119
アフタヌーンティー・サンドイッチ
（キューカンバー、卵、サーモン）
P.44～46、
フルーツスコーンはP.30を
ごらんください。

Butter Fudges

バターファッジ

イギリス人が大好きなバターファッジ。ホームメイドは、市販品と違う口どけが特徴です。
でき上がったら、キャンディのように両端をくるくると包みます。

作り方

1 手鍋にすべての材料を入れ、ゴムベラで混ぜて全体をなじませたら、中火にかける。

2 焦げないように絶えず混ぜながら、全体がキャラメル色になったら火からおろす。(約20～25分)

3 火からおろした状態で、さらに5分ほど混ぜる。

※高温で泡立っていたのが、落ち着く。

4 型に流し入れ、常温に冷まして固める。

5 好みのサイズにカットする。

※鍋底が焦げやすいので、絶えず混ぜ続けること。

材料（約30個分）

グラニュー糖 ……… 110g
無塩バター ……… 100g
コンデンスミルク ……… 100g
塩 ……… 1g

下準備

- バットに、オーブンペーパーをぴったりと敷いておく。

【和田さんよりひとこと】

ベリーズ・ティールームでは、2ヵ月ごとにテーマを変えてアフタヌーンティー・メニューをご提供しています。「イギリスのトラディショナルなティーフーズを楽しみたい」というお声があり始めました。「これぞ英国菓子!」というものばかり集めたアフタヌーンティーセットです。
ここ数年のアフタヌーンティーが人気です。多くのホテルやレストランで見かけるようになりましたが、伝統的な英国菓子を出しているところは少ないため、ご好評をいただいています。

スコーンの作り方

Plain Scones

プレーンスコーン

アフタヌーンティーに欠かせないスコーン。
お店では大量にスコーンを作るため、
通常はスタンドミキサーを使用しています。
この本では、お店でのミキサーを使った作り方と、
家庭でできる手作業での作り方をご紹介します。

スタンドミキサーまたは フードプロセッサーを使用する作り方

材料（直径5.5cmの丸型　15個分）

薄力粉 ……… 400g
ベーキングパウダー ……… 14g
三温糖 ……… 28g
塩 ……… 3g
無塩バター ……… 72g
牛乳 ……… 200ml
生クリーム（乳脂肪分35%） ……… 40ml

下準備

- 無塩バターは1cm角に切り、冷蔵庫で冷やしておく。
- オーブンを180℃に予熱しておく。

スタンドミキサーまたは
フードプロセッサーを使用する作り方

1

薄力粉、ベーキングパウダー、三温糖、塩をスタンドミキサーのボウルにふるい入れる。

2

1にバターを加えたら、低速で混ぜ始め、バターが細かくなったら中速にする。

Point

途中でミキサーを
一度止め、手で触って
バターの塊が無いか
確認するとよい。

Point

こねすぎると
生地が固くなるので、
まとまったらすぐに
止めること。

3

バターが粉に混ざり、黄色っぽく粉チーズのような状態になったら、スタンドミキサーを低速にし、牛乳と生クリームを合わせたものを少しずつ加え、生地をまとめる。

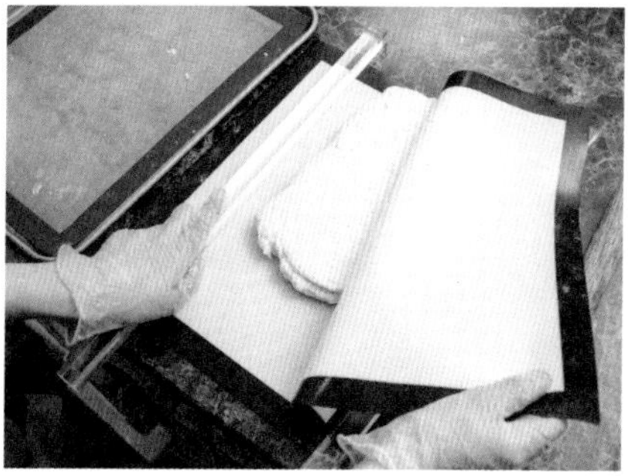

4

シルパットに生地を乗せ、四分割にして重ねる。シルパットを折りたたんで生地に被せ、上から麺棒でのばし2cmの厚さにする。

Point

打ち粉をすると
小麦粉の配合が変わり、
生地が固くなるので、
なるべく
使わないこと。

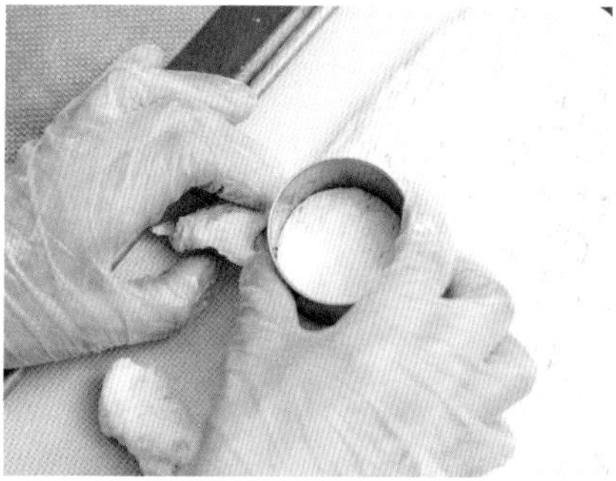

5

生地を丸型で抜いたら、天板に間隔をあけて並べ、つや出しの牛乳(分量外)をハケで塗る。

Point

天板の生地の位置によって
焼き色が違う場合は、
途中で天板の向きを変えて、
素早くオーブンに戻す。

6

180℃のオーブンで、表面の焼き色を見ながら12分～15分焼く。

手作業の作り方

材料（直径5.5cmの丸型　6個分）

薄力粉 …… 150g
ベーキングパウダー …… 6g
三温糖 …… 11g
塩 …… 1g
無塩バター …… 27g
牛乳 …… 75ml
生クリーム（乳脂肪分35%） …… 15ml

下準備

- 無塩バターは1cm角に切り、冷蔵庫で冷やしておく。
- 天板にオーブンシートを敷いておく。
- オーブンを180℃に予熱しておく。

作り方

1 大きめなボウルに、薄力粉、ベーキングパウダー、三温糖、塩を合わせてふるう。

2 1にバターを加え、カードで切りながら細かくする。カードで切れないくらいの粒になったら、さらに腹の指ですりつぶし、黄色い粉チーズのような状態にする。

3 2に牛乳と生クリームを合わせたものを少しずつ加え、生地をまとめていく。

4 生地をめん棒でのばし、半分に切って重ねてまたのばす。これを2～3回くりかえし、2cmの厚さにする。

※ 生地が柔らかくなりすぎないように、3～5までの作業はできるだけ手早くおこなうこと。もし生地が柔らかくなってしまった場合は、冷蔵庫で10分～20分冷やすこと。

5 生地を丸型で抜いたら、天板に間隔をあけて並べ、つや出しに牛乳（分量外）をハケで塗る。

※ 型を抜くときに粉（打ち粉）を使うと、粉の分量が変わり生地が固くなるため、なるべく使わないこと。

6 180℃のオーブンで、表面の焼き上がりを見ながら12～15分焼く。

※ 天板の生地の位置によって焼き色が違う場合は、途中で天板の向きを変えて、素早くオーブンに戻す。

※ 生地をねかせるとなじんでしまい、ふくらみが悪くなるので、型抜きしたらすぐに焼くこと。

紅茶とのペアリング

浜田山（P.120参照）は、スリランカ紅茶を3種類ブレンドした、お店自慢のオリジナル紅茶です。毎日飲んでも飽きがこない味わいで、スコーンとは相性ぴったりです。

【 和田さんよりひとこと 】

10年前、お店を開く際に、スコーンの試作を毎日していました。いろいろな本のスコーン・レシピを片っ端から試し、配合から焼成温度、時間を少しずつ変えては焼くことを繰り返し、自分の理想のスコーンのレシピを作りました。あれから少しずつレシピを改良していますが、根幹は変わっていない、思い入れのあるレシピです。

Fruits Scones

フルーツスコーン
（トラディショナルアフタヌーンティー）

お好きなドライフルーツをブランデーで煮て、風味と香り付けします。煮つめるときは、焦げないようにご注意を。

材料（直径5.5cmの丸型　6個分）

プレーンスコーンの生地 ……… 200g
ブランデー煮
　ドライフルーツミックス ……… 30g

下準備

- 天板に、オーブンシートを敷いておく。
- オーブンを180℃に予熱しておく。

※アプリコットやイチジクは、レーズンと同サイズに、あらかじめ刻んでおく。
※清潔な瓶に入れ、冷蔵庫で約2ヵ月保存が可能。
※当店のレシピは、アルコールが苦手な方や子供にも食べやすいよう、アルコールを飛ばしている。

作り方

「プレーンスコーン」（P.26〜29）と手順は同じ。手順3でブランデー煮ドライフルーツミックスを加えて全体を混ぜ、生地をまとめればOK。

【ブランデー煮ドライフルーツミックス】

作り方

1 お好きなドライフルーツ（レーズン、アプリコット、クランベリー、イチジクなどを、お好きな分量で）を用意し、全部を鍋に入れ、ブランデーをドライフルーツの半分くらいまで注ぎ、時々底から混ぜながら約30分置く。

2 1を中火にかけて沸騰してから約5分煮て、アルコールを飛ばす。焦げないよう、底から混ぜること。

Rose Scones

ローズのスコーン
(ヴィクトリアンローズのアフタヌーンティー)

手作りのローズジャムは香料不使用。天然のバラの香りが加わった、おいしいスコーンです。

材料 (直径5.5cmの丸型　6個分)

プレーンスコーンの生地 ……… 200 g
ローズジャム ……… 20g

【ローズジャム】

材料

ローズペタル(乾燥したバラの花びら・市販品) ……… 1/2カップ
砂糖 ……… 30g
白ワイン ……… 30ml
レモン果汁 ……… 小さじ1
ハチミツ ……… 大さじ2～3

作り方

1 鍋に、ローズペタルを入れ、白ワインをまわしかけ、30分以上置く。

2 砂糖、レモン果汁を1に加え、中火にかけ、混ぜながら煮つめる。

3 2を清潔な保存容器に入れ、ハチミツを加えて混ぜる。

下準備

- 天板に、オーブンシートを敷いておく。
- オーブンを180℃に予熱しておく。

作り方

「プレーンスコーン」(P.26～29)と手順は同じ。手順3でローズジャムを加えて全体を混ぜ、生地をまとめればOK。

Rabbit Tobacco Scones

うさぎたばこのスコーン
(ピーターラビットのアフタヌーンティー)

『ピーターラビットのおはなし』に出てくる「うさぎたばこ」はラベンダーのこと。ラベンダー風味が広がるスコーンです。

材料 (直径5.5cmの丸型　6個分)

プレーンスコーンの生地 ……… 200g
ドライラベンダー ……… ふたつまみ

下準備

- 天板に、オーブンシートを敷いておく。
- オーブンを180℃に予熱しておく。

作り方

「プレーンスコーン」(P.26～29)と手順は同じ。手順3でラベンダーを加えて全体を混ぜ、生地をまとめればOK。

Kandy Tes Scones

キャンディ紅茶のスコーン
（紅茶づくしのアフタヌーンティー）

紅茶づくしのアフタヌーンティーで登場するスコーンです。牛乳と相性のよい茶葉、キャンディ紅茶を使います。

材料（直径5.5cmの丸型　6個分）

プレーンスコーンの生地 ……… 200g
茶葉（キャンディ紅茶） ……… 3g
熱湯 ……… 大さじ1

下準備

- 天板に、オーブンシートを敷いておく。
- オーブンを180℃に予熱しておく。
- 茶葉に熱湯をかけてふやかし、そのまま冷ましておく。

作り方

「プレーンスコーン」（P.26〜29）と手順は同じ。手順3でふやかした茶葉を加えて全体を混ぜ、生地をまとめればOK。

Cranberry & White Chocolate Scones

クランベリーとホワイトチョコのスコーン
（英国のクリスマス・アフタヌーンティー）

クリスマスのごちそう、ターキー（七面鳥）にはクランベリーソースが欠かせません。スコーンにクランベリーを入れて、クリスマス気分を。

材料（直径5.5cmの丸型　6個分）

プレーンスコーンの生地 ……… 200g
ドライクランベリー ……… 15g
ホワイトチョコチップ ……… 15g

下準備

- ドライクランベリーは熱湯に10分浸して戻し、水気を切って刻んでおく。
- 天板に、オーブンシートを敷いておく。
- オーブンを180℃に予熱しておく。

作り方

「プレーンスコーン」（P.26〜29）と手順は同じ。手順3でドライクランベリー、ホワイトチョコチップを加えて全体を混ぜ、生地をまとめればOK。

Hot Cross Scones

ホットクロススコーン

(イースターのアフタヌーンティー)

イギリスでの春はイースターから始まります。お祝いのお菓子「ホットクロスバンズ」をアレンジしたスコーンです。

材料（直径5.5cmの丸型　6個分）

プレーンスコーンの生地 ……… 200g
ミックススパイス ……… 小さじ1/4
カレンズ(小粒のレーズン) ……… 20g
オレンジピール ……… 10g

薄力粉 ……… 25g
粉糖 ……… 5g
水 ……… 18g

下準備

- オレンジピールを5mm角に刻んでおく。
- カレンズを熱湯に約10分浸して戻し、水気を切り冷ましておく。
- 天板に、オーブンシートを敷いておく。
- オーブンを180℃に予熱しておく。
- 薄力粉、粉糖、水をスプーン等で、滑らかなペーストになるまで混ぜ、コルネ(小さな絞り袋)に入れておく。

作り方

「プレーンスコーン」(P.26～29)と手順は同じ。手順1でミックススパイスを加え、手順3でカレンズ、オレンジピールを加えて全体を混ぜ、生地を型抜きし、天板に並べたら、ペーストを十字に絞る。

スコーン各種。（右上）カレー＆カレンズ （右下）枝豆＆チーズ （左下）ドライトマト＆オリーブ （左上）プレーン

Dried tomatoes & Olives Scones

ドライトマト＆オリーブのスコーン

イギリスでは、セイボリー（塩味）のスコーンもポピュラーです。軽いランチやおやつにぴったりです。

材料（直径5.5cmの丸型　6個分）

プレーンスコーンの生地……200g
ドライトマト……15g
ドライバジル……0.5g
ブラックオリーブ……10g

下準備

- ドライトマトは熱湯（分量外）に約10分浸して戻し、水気を切って刻んでおく。
- ブラックオリーブは、粗く刻んでおく。
- 天板に、オーブンシートを敷いておく。
- オーブンを180℃に予熱しておく。

作り方

「プレーンスコーン」（P.26～29）と手順は同じ。手順3でドライトマト、ドライバジル、ブラックオリーブを加えて全体を混ぜ、生地をまとめればOK。

Edamame & Cheese Scones

エダマメ&チーズのスコーン

海外でも人気のエダマメですが、スコーンに入れるのは日本だけ？　焼きたては、ちょっと溶けたチェダーチーズが最高！

材料（直径5.5cmの丸型　6個分）

プレーンスコーンの生地 …… 200g
エダマメ（冷凍）…… 30g
チェダーチーズ …… 15g

下準備

- エダマメは解凍し、さやから出して薄皮をむいておく。
- チェダーチーズは、1cm角に切っておく。
- 天板に、オーブンシートを敷いておく。
- オーブンを180℃に予熱しておく。

作り方（手作業）

「プレーンスコーン」(P.26〜29)と手順は同じ。手順3でエダマメ、チェダーチーズを加えて全体を混ぜ、生地をまとめればOK。

※エダマメは、生のものを使う場合は塩ゆでして、冷めたら薄皮をむいておくと、口当たりがよくなる。

【和田さんよりひとこと】

具は早い段階で入れて混ぜると、砕けて粉々になってしまいます。最後に加え、全体に混ざったらすぐ止めます。
セイボリーのスコーンは、ハーブやスパイスを加えると味に深みが出るので、お好みのものを加えて、自由にアレンジしてみてください。

Curry & Currants Scones

カレー&カレンズのスコーン

意外な組み合わせ!?　ですが相性ぴったりなので、ぜひ食べてみてください。

材料（直径5.5cmの丸型　6個分）

薄力粉 …… 400g
ベーキングパウダー …… 14g
三温糖 …… 28g
塩 …… 3g
無塩バター …… 72g
牛乳 …… 200ml
生クリーム（乳脂肪分35%）…… 40ml
カレー粉 …… 小さじ1
カレンズ …… 20g

下準備

- カレンズは熱湯（分量外）に約10分浸して戻し、水気を切っておく。
- 無塩バターは1cm角に切り、冷蔵庫で冷やしておく。
- 天板に、オーブンシートを敷いておく。
- オーブンを180℃に予熱しておく。

作り方（手作業）

1 薄力粉、ベーキングパウダー、三温糖、塩、カレー粉を合わせてふるう。

2 1にバターを加え、カードで切りながら細かくする。カードで切れないくらいの粒になったら、さらに腹の指ですりつぶし、黄色い粉チーズのような状態にする。

3 2に牛乳と生クリームを合わせたものを少しずつ加え、生地をまとめ、最後にカレンズを加えて全体を混ぜ、生地をまとめる。

4 生地を麺棒でのばし、半分に切って重ねてまたのばす。これを2〜3回くりかえす。

5 生地を丸型で抜いたら、天板に間隔をあけて並べ、つや出しに牛乳（分量外）をはけで塗る。

6 180℃のオーブンで、表面の焼き上がりを見ながら12〜15分焼く。

ヴィクトリアンローズの アフタヌーンティー

アフタヌーンティーが始まったヴィクトリア朝時代の華やかさ、
イギリスの国花であるバラをイメージした、ピンク＆ローズのアフタヌーンティー。

Menu

ローズティーソーダ P.118

サーモンローズのオープンサンド P.43

キューカンバーサンドイッチ P.44

ローズのスコーン P.31

アップルローズケーキ P.38

ローズカップケーキ P.39

メルティングモーメント P.42

ラズベリームース＆ローズゼリー P.40
（ミニバラゼリー入り）

(左)アップルローズケーキ、(上)ラズベリームース＆ローズゼリー、(右)ローズカップケーキ、(下)メルティングモーメント。

Apple Rose Cakes

アップルローズケーキ

スライスしたリンゴを皮ごと薄く切り、トッピングしたミニカップケーキです。
焼き上がりはピンクローズのような色あいに。

- ミニマフィン型に同じサイズのグラシン紙カップをセットしておく。
- オーブンは160℃に予熱しておく。

【トッピング用アップルローズ】

材料

赤リンゴ ……… 1個
グラニュー糖 ……… 20g
レモン果汁 ……… 10ml

作り方

1 リンゴは、皮ごと薄いくし切りにする。

材料（直径4.5cm、底3cm、高さ2.4cm
ミニマフィン型　12個分）

無塩バター ……… 50g
グラニュー糖 ……… 50g
卵 ……… 1個(約50g)
薄力粉 ……… 50g
ベーキングパウダー ……… 2g
牛乳 ……… 10ml

下準備

- トッピング用のアップルローズを作る。
- 卵は常温に戻しておく。
- バターは指がすっと入るくらいの柔らかさになるよう、常温に戻しておく。

2 1を耐熱容器に入れ、グラニュー糖、レモン果汁を加え、600Wの電子レンジで3分程加熱し、そのまま冷ます。

3 2の2枚を、皮を上にし、半分が重なるように横に並べ、端からくるくると巻いてローズ状にする。

作り方

1 すべての材料をボウルに入れ、ハンドミキサー（高速）で、約5分混ぜる。

2 1を絞り袋に入れ（口金は不要）、ミニマフィン型に6分目まで生地を絞り入れ、アップルローズを生地に刺すように乗せる。

3 160℃のオーブンで、12分～15分程焼く。

4 焼き上がったら型から外し、網などの上で冷ます。

Rose Cup Cakes

ローズカップケーキ

フランス製のローズシロップを入れたバタークリームをトッピング。花びらを重ねるように、ローズクリームを絞るのがポイントです。

材料（直径4.5cm、底3cm、高さ2.4cm
ミニマフィン型　12個分）

無塩バター……50g
グラニュー糖……50g
卵……1個（約50g）
薄力粉……50g
ベーキングパウダー……2g
牛乳……10ml

下準備

- 卵は常温に戻しておく。
- バターは指がすっと入るくらいの柔らかさになるよう、常温に戻しておく。
- ミニマフィン型に同じサイズのグラシン紙カップをセットしておく。
- オーブンは160℃に予熱しておく。

作り方

1 すべての材料をボウルに入れ、ハンドミキサー（高速）で、約5分混ぜる。

2 1を絞り袋に入れ（口金は不要）、ミニマフィン型に8分目まで生地を絞り入れる。

3 160℃のオーブンで、12分～15分程焼く。

4 焼き上がったら型から外し、網などの上で冷ます。

【トッピング用ローズクリーム】

材料

無塩バター……100g
粉糖……80g
モナン社のローズシロップ（市販品）
……20ml
食紅……少々

下準備

- バターは指がすっと入るくらいの柔らかさになるよう、常温に戻しておく。

作り方

1 食紅以外のすべての材料を入れて、ハンドミキサーでよく混ぜる。

2 食紅を爪楊枝などの先で、少量追加して混ぜる。

仕上げ

トッピング用ローズクリームをバラの口金に入れ、1枚ずつ花びらを重ねるように、カップケーキの上に絞っていく。あればフリーズドライラズベリー（分量外）を乗せる。

Raspberry Mousse & Rose Jellys

ラズベリームース&ローズゼリー

（ミニバラゼリー入り）

ムースに、2種類のゼリーを組み合わせたグラスデザート。ゼリーにローズを閉じ込めた見た目がかわいく、おもてなしに最適。

【ミニバラのゼリー】

材料（シリコン製ミニバラのチョコレート型　10個分）

冷凍ラズベリーピューレ（市販品）……50g
湯……50ml
粉ゼラチン……3g

下準備

- 粉ゼラチンを冷水15ml（分量外）でふやかし、約15分冷蔵庫に入れておく。
- 冷凍ラズベリーピューレを解凍しておく。

作り方

1 60℃くらいの湯に、ふやかした粉ゼラチンを加えて溶かす。

2 1に解凍したラズベリーピューレを加えて混ぜ、型に入れて冷蔵庫で冷やし固める。

【ローズゼリー】

材料（ミニグラス30ml　約10個分）

モナン社のローズシロップ……50ml
湯……150ml
粉ゼラチン……5g

下準備

- 粉ゼラチンを冷水20ml（分量外）でふやかし、約15分冷蔵庫に入れておく。

作り方

1 60℃くらいの湯に、ふやかした粉ゼラチンを加えて溶かす。

2 1にローズシロップを加え、冷ます。

【ラズベリームース】

材料（ミニグラス　30ml　約10個分）

粉ゼラチン……3g
冷凍ラズベリーピューレ（市販品）……50g
卵白……1/2個分
生クリーム（乳脂肪分35%）……50ml
レモン果汁……大さじ1/2
砂糖……10g

下準備

- 粉ゼラチンを冷水15ml（分量外）でふやかし、約15分冷蔵庫に入れておく。

作り方

1 冷凍ラズベリーピューレを耐熱容器に入れ、600Wのレンジで50秒～1分温め、ふやかした粉ゼラチンを加えて溶かし、冷ましておく。

2 卵白をボウルに入れ、ハンドミキサーでしっかり泡立てて、メレンゲを作る。

3 生クリームと砂糖、レモン果汁をボウルに入れ、氷水に当てながら、ハンドミキサーで8分立てにする。

4 3を氷水から外し、1を加えて、ハンドミキサーで混ぜる。

5 4に2のメレンゲを加え、泡が消えないように素早く混ぜ、ムラがなくなったら止める。

6 5をミニグラスに入れ、冷蔵庫で2時間冷やし固める。

仕上げ

1 ラズベリームースが入ったミニグラスに、ミニバラのゼリーを型から外し、ラズベリームースの上に1個ずつ乗せる。

2 ローズゼリーをミニバラのゼリーの上までゆっくり注ぎ、冷蔵庫で冷やし固める。

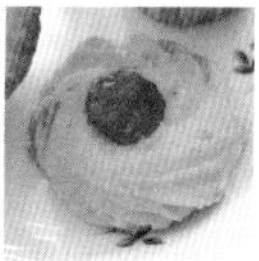

Melting Moments

メルティングモーメント

直訳すると「とろける瞬間」。さくさくほろっとした口どけで、
赤いドレンチェリーとオートミールが特徴のクラシカルな英国菓子です。

作り方

1 バター、グラニュー糖をボウルに入れ、ホイッパーで混ぜる。

2 1に生クリーム、卵白を加え、その都度よく混ぜる。

3 2に薄力粉、塩をふるい入れ、ゴムベラに持ちかえてさっくりと混ぜる。

4 絞り袋に星の口金をセットして3を入れ、天板に一口大に絞り出す。

5 オートミールを全体に散らし、中心部にドレンチェリーを飾る。

6 150℃のオーブンで、12分〜15分焼く。

7 焼きあがったら、網などの上で冷ます。

材料（10枚〜12枚）

無塩バター …… 45g
グラニュー糖 …… 15g
生クリーム（乳脂肪分35%）…… 8ml
卵白 …… 8g
薄力粉 …… 50g
塩 …… ひとつまみ
オートミール …… 適量
ドレンチェリー
（砂糖漬けのサクランボ）…… 適量

下準備

- バターは指がすっと入るくらいの柔らかさになるよう、常温に戻しておく。
- ドレンチェリーは、半分に割っておく。
- 天板にオーブンシートを敷いておく。
- オーブンを150℃に予熱しておく。

ローズのスコーンの材料、
作り方はP.31、
ローズティーソーダは
P.118をごらんください。

【キューカンバーサンドイッチ】

材料、作り方はP.44をごらんください。

【和田さんよりひとこと】

英国の国花である薔薇（ローズ）をテーマにして、構成したアフタヌーンティーセットです。とはいえ、すべてローズ味だと飽きてしまうので、見た目がローズ、またはローズ色（ピンク）のティーフーズを考案しました。ひとつひとつもかわいいのですが、ティーセットもローズで揃うと圧巻です。

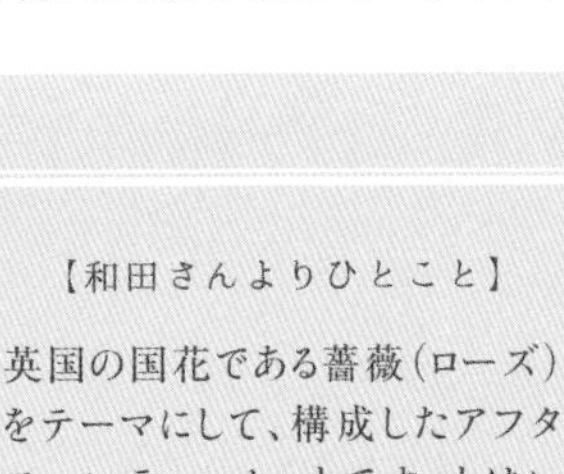

Salmon Rose Open sandwiches

サーモンローズのオープンサンド

スモークサーモンをローズのようにトッピング。相性のよいクリームチーズとともに。

材料（２人分）

スモークサーモン ……… 6枚
カンパーニュ（田舎風パン）……… ２枚
クリームチーズ ……… 30g
レタス ……… 適量
クレイジーペッパー（市販品）……… 少々

作り方

1 スモークサーモンを2枚～3枚、端を重ねて長い1枚にして、バラの花びらになるようにくるくると巻く。

2 パンの上にレタス、クリームチーズを乗せ、クレイジーペッパーをふり、1を乗せる。

サンドイッチの作り方

作り方

1 キュウリの皮をむき、パンの長さに合わせてカットしてから、薄くスライスする。

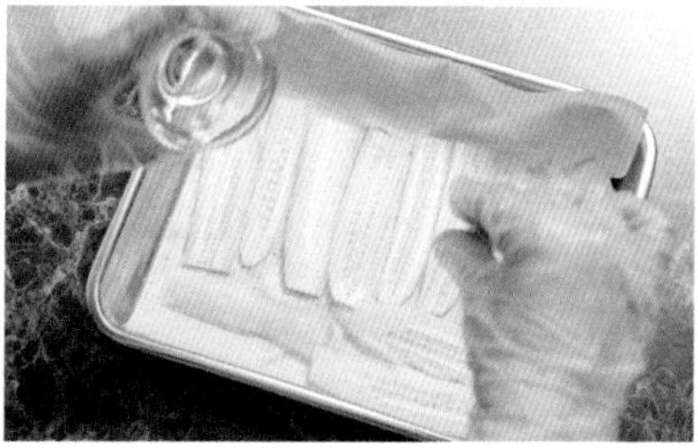

2 キッチンペーパーを敷いたバットに、重ならないよう並べて塩を振り、しばらく置いておく。

3 バターを、サンドイッチ食パン2枚の片面に、薄くまんべんなく塗る。

4 クリームチーズを、3と同様に残り2枚の片面に塗る。

Cucumber Sandwiches

キューカンバーサンドイッチ

イギリスのアフタヌーンティーといえば、欠かせないのがこのキュウリ(キューカンバー)のサンドイッチ。イギリスの高級ホテルでは細長くカットして、長方形のサンドイッチプレートに乗せて、サービスします。

材料（6切れ分）

- サンドイッチ用食パン ……… 4枚
- キュウリ ……… 1本
- 塩 ……… 少々
- 無塩バター ……… 少々
- クリームチーズ ……… 少々

下準備

- 無塩バターとクリームチーズは常温に戻し、柔らかくしておく。

Point

パンを指の腹で
押さえると跡がつくので、
写真のように
指の背を使って、やさしく
押さえること。

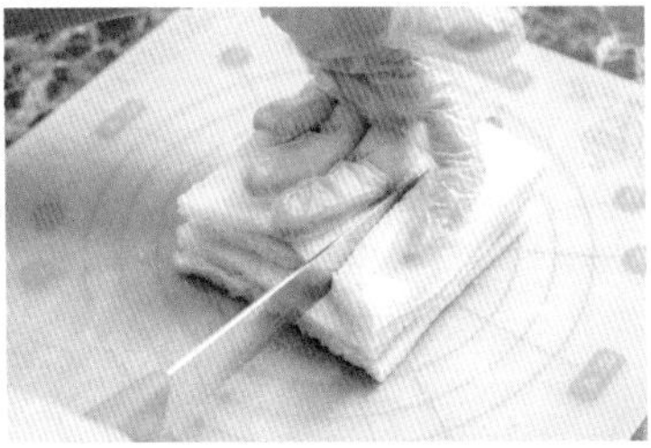

7 パン切り包丁でパンのミミを切り、のこぎりのように小刻みに歯を動かし、パンが潰れないように3等分にカットする。

5 キュウリから出た水分をしっかり拭き取り、バターを塗ったパンに並べていく。

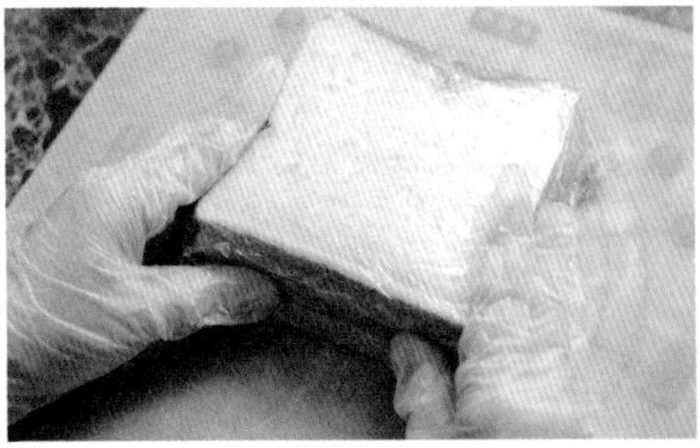

6 クリームチーズを塗ったパンで5を挟み、ラップで包み冷蔵庫で30分ほど冷やす。

【和田さんよりひとこと】

パンに、バターやクリームチーズを薄くまんべんなく塗るのは、パンをコーティングして、キュウリの水分を吸わないようにするためです。

Smoke Salmon Sandwiches

サーモンの サンドイッチ

スコットランド産やアイルランド産が有名なスモークサーモン。お好みでフレッシュハーブを入れると、風味のアクセントに。

材料（6切れ分）

サンドイッチ用食パン …… 4枚
スモークサーモン …… 8枚
無塩バター …… 少々
クリームチーズ …… 少々
クレイジーペッパー（市販品）…… 少々

下準備

- 無塩バターとクリームチーズは常温に戻し、柔らかくしておく。

作り方

1 パンの片面にバター、もう片面にクリームチーズをまんべんなく塗り、スモークサーモンを4枚ずつ隙間なく並べる。

2 クレイジーペッパーをサーモン全体にかけ、もう1枚のパンで挟む。

3 冷蔵庫で30分程冷やし、パンのミミを切り3等分にカットする。

※ お好みでディルやケッパーなどの生ハーブを刻んで挟むと、風味のアクセントになる。

Egg Sandwiches

卵の サンドイッチ

キューカンバーと同じく、イギリスではポピュラーなサンドイッチ。粒マスタードやお好みでピクルスを入れて。

材料（6切れ分）

サンドイッチ用食パン …… 4枚
ゆで卵 …… 1個
マヨネーズ …… 適量
無塩バター …… 少々
粒マスタード …… 適量

下準備

- 固めのゆで卵を作っておく。
- 無塩バターを常温に戻し、柔らかくしておく。

作り方

1 ゆで卵をフォークの背で細かくつぶし、マヨネーズを適量加え、塩、コショウ（分量外）で味を調える。

2 パンの片面にバター、もう片面に粒マスタードをまんべんなく塗り、1を挟む。

3 冷蔵庫で30分程冷やしてから、パンのミミを切り3等分にカットする。

※ お好みで、ピクルス1/2本分をみじん切りにして卵に加えると、食感に変化が出る。

イースターのアフタヌーンティー

イギリスで、春の訪れをつげる祝祭・イースター。
キリストの復活をお祝いするため、シムネルケーキなどの特別なお菓子や、
卵料理をいただきます。

Menu

オレンジティー P.119

うずらの卵入りケークサレ P.50

デビルエッグ P.51

サーモンクリームチーズの
オープンサンド P.51

ホットクロススコーン P.33

シムネルケーキ P.52

抹茶のイースターカップケーキ P.55

イースタービスケット P.53

マンゴームース P.54

Cake Salés with Quail Eggs

うずらの卵入り ケークサレ

塩味のケーキ、ケークサレ。イースター用にうずらの卵を入れました。卵の断面がきれいに見えるようにカットしてください。

材料（縦21.8cm、横8.7cm、高さ6cm
　Lサイズパウンド型　1台分）

A
- ブロックベーコン …… 60g
- 赤パプリカ …… 1/4個
- タマネギ …… 中1/4個

ホウレンソウ …… 1/3袋
卵 …… 2個（約100g）
牛乳 …… 50ml
サラダ油 …… 50g
薄力粉 …… 125g
ベーキングパウダー …… 5g
塩 …… 1g
ピザ用チーズ …… 60g
うずらの卵の水煮 …… 12個〜14個

下準備

- Aの材料を約1cm角に刻み、ホウレンソウはざく切りにしておく。
- 型の底と側面に、オーブンペーパーをぴったりと敷いておく。
- オーブンを160℃に予熱しておく。

作り方

1 Aの材料とホウレンソウをフライパンで炒め、塩、コショウ（分量外）をして、冷ましておく。

2 ボウルに卵、牛乳、サラダ油を入れ、ハンドミキサーでよく混ぜる。

3 2に薄力粉と塩、ベーキングパウダーを合わせてふるい入れ、ゴムベラに持ち替えて、さっくり混ぜる。

4 3に1とチーズを加え、全体を混ぜ合わせる。

5 パウンド型に4を流し入れる。

6 5にうずらの卵の水煮を、2列に隙間なく埋め込む（カットした時に卵の断面が出るようにするため）。

7 160℃のオーブンで、約45分焼く。

8 焼き上がりを網にとって冷まし、縦半分にカットしてから、卵の断面が見えるように切る。

Salmon Cream Cheese Open Sandwiches

サーモン クリームチーズの オープンサンド

サーモンの缶詰とクリームチーズで作ったサーモンクリームチーズと、スモークサーモンをトッピングしたオープンサンドです。

材料（作りやすい分量・2人分）

レッドサーモン缶 ……… 1缶
クリームチーズ ……… 上記と同量
塩 ……… 適量
ブラックペッパー ……… 適量
ハーブミックス ※あれば、お好みで
カンパーニュ（田舎風パン） ……… 2枚
スモークサーモン ……… 2～4枚
ブロッコリースプラウト ………適量

作り方

1 レッドサーモン缶と、同量のクリームチーズ、ブラックペッパー、ハーブミックス、塩を、フードプロセッサーに入れ、滑らかになるまで混ぜる。

※ レッドサーモン缶がなければ、スモークサーモンでもOK。その場合、塩は不要。

2 スライスしたカンパーニュを軽くトーストし、サーモンクリームチーズを乗せる。

3 カットしたスモークサーモンと、ブロッコリースプラウトを飾る。

Deviled Eggs

デビルエッグ

イースターの象徴、卵でひよこを作ってみました。ほんのりとした、カレー風味がポイントです。

材料

卵 ……… 2個（約100g）
マヨネーズ ……… 大さじ1
カレー粉 ……… 小さじ1/2
カレンズ ……… 4粒

作り方

1 ゆで卵を作る。鍋に卵と水（分量外）を入れ、沸騰してから中火で約10分煮て、氷水にとって卵の殻をむいておく。

2 ゆで卵にギザギザに切り込みを入れて上下を切り離し、黄身を取り出す。

3 黄身をボウルに入れ、マヨネーズ、カレー粉を加え、塩、コショウ（分量外）で味を調える。

4 3を白身の中に戻してカレンズを2つ付けて、ヒヨコの顔にする。

5 4が転がらないよう、レタスや小皿の上に乗せて固定する。

※ マヨネーズ、カレー粉は、お好みで調整する。

【和田さんよりひとこと】

アフタヌーンティーでは、市販品を使い、メニューにバリエーションを。P.58の写真のように、デミカップ入りミニ・スープや、生ハムのピンチョスを添える場合があります。

(右)シムネルケーキ、
(左)イースタービスケット。

シムネルケーキ

イギリスのイースターに、欠かせない英国菓子です。トッピングの丸いマジパンは、キリストの弟子たち11人をあらわしています。

材料(15cm 丸型　1台分)

無塩バター …… 80g
ブラウンシュガー …… 80g
卵 …… 80g
薄力粉 …… 120g
ベーキングパウダー …… 5g
ミックススパイス …… 小さじ1/2
牛乳 …… 20ml
モラセス(マイルド) …… 20g
オレンジピール …… 40g
アプリコットジャム …… 適量
マジパン(市販品) …… 100g
ブランデー煮ドライフルーツミックス …… 100g

下準備

- ブランデー煮ドライフルーツミックスを作っておく。
- 卵は常温に戻しておく。
- バターは指がすっと入るくらいの柔らかさになるよう、常温に戻しておく。
- 薄力粉、ベーキングパウダー、ミックススパイスを合わせてふるっておく。
- 型の底と側面に、オーブンペーパーをぴったりと敷いておく。
- オーブンは160℃に予熱しておく。

【ブランデー煮ドライフルーツミックス】

作り方

1 お好きなドライフルーツ(レーズン、アプリコット、クランベリー、イチジクなどを、お好きな分量で)を用意し、レーズンと同じ大きさに刻んでおく。全部を鍋に入れ、ブランデーをドライフルーツの半分くらいまで注ぎ、時々底から混ぜながら約30分置く。

2 1を中火にかけて沸騰してから約5分煮て、アルコールを飛ばす。焦げないよう、底から混ぜること。

※清潔な瓶に入れ、冷蔵庫で約2ヵ月保存が可能。
※当店のレシピは、アルコールが苦手な方や子供にも食べやすいよう、アルコールを飛ばしている。

5 表面のデコボコをナイフで切り取り、平らにする。

6 アプリコットジャムを少量の湯（分量外）を加えて混ぜてから、ハケで表面に塗る。

7 マジパンを2mmの厚さに伸ばし、ケーキの丸型の底板を当てて、周囲をぐるりとナイフで切り抜いてケーキに乗せる。

8 残りのマジパンを丸めて11個のボウルの形にして、7に均等に乗せる。

9 バーナーでマジパンの表面を軽く焼く。

作り方

1 バター、ブラウンシュガー、卵、粉類、牛乳、モラセスをボウルに入れ、ハンドミキサーで混ぜる。

2 5分程しっかりと混ぜたら、ブランデー煮ドライフルーツミックス、オレンジピールを加え、混ぜる。

3 型に生地を流し入れ、160℃のオーブンで、50分程焼く。

4 焼きあがったら、10cmの高さから軽く落とし網にとる。粗熱がとれたら型から外す。

Easter Biscuits

イースタービスケット

イースターの時期に、イギリスでは一斉に売り出されるビスケットです。
カレンズ（小さなブドウの一種）を使って、薄く焼き上げるのが特徴です。

作り方

1 ボウルにバター、グラニュー糖を入れ、白っぽいクリーム状になるまで、ゴムベラを使い、すり混ぜる。

2 卵を加え、すり混ぜる。

3 薄力粉、オールスパイス、塩を合わせてふるい入れ、さっくりと切るように混ぜる。

4 3の粉けがなくなったらカレンズを加え、全体を混ぜる。

5 4を3mmの厚さに麺棒で伸ばし、冷蔵庫で30分以上冷やす。

6 5を直径5cmの菊型で型抜きし、天板に間隔をあけて並べる。

7 150℃のオーブンで、15分程焼く。

8 温かいうちに、グラニュー糖（分量外）をまぶす。

材料（菊型5cm　10～12枚）

無塩バター …… 55g
微粒子グラニュー糖 …… 25g
卵 …… 5g
薄力粉 …… 75g
オールスパイス …… 小さじ1/2
塩 …… ひとつまみ
カレンズ …… 15g

下準備

- カレンズは熱湯に約10分浸し、戻してから水気を切り、冷ましておく。
- 卵は常温に戻しておく。
- バターは指がすっと入るくらいの柔らかさになるよう、常温に戻しておく。
- 天板にオーブンシートを敷いておく。
- オーブンは150℃に予熱しておく。

Mango Mousses

マンゴームース

マンゴーのオレンジで、春らしいカラーを。
甘酸っぱいムースは、最近のアフタヌーンティーメニューの定番になってきました。

下準備

- 粉ゼラチンを冷水20ml(分量外)でふやかし、約15分冷蔵庫に入れておく。

作り方

1 耐熱容器に牛乳50mlとグラニュー糖を入れ、電子レンジで30秒程温める。

2 **1**にふやかした粉ゼラチンを入れて、よくかき混ぜて、ゼラチンを溶かす。

3 **2**に残りの牛乳、生クリーム、マンゴーピューレを加えて混ぜ、最後にレモン果汁を加える。

4 ミニグラスに注ぎ、冷蔵庫で2時間程冷やし固める。

5 飾り用のマンゴーソースをかけ、あればミントを飾る。

材料(ミニグラス　約30ml　10個分)

粉ゼラチン …… 5g
グラニュー糖 …… 15g
牛乳 …… 150ml
生クリーム(乳脂肪分35%) …… 25ml
マンゴーピューレ(市販品) …… 50g
レモン果汁 …… 7ml
マンゴーソース(飾り用・市販品) …… 適量

オレンジティー
作り方は
P.119を
ごらんください。

【抹茶クリーム】

材料

無塩バター ……… 45g
クリームチーズ ……… 5g
粉糖 ……… 50g
抹茶 ……… 小さじ1

下準備

- バター、クリームチーズは指がすっと入るくらいの柔らかさになるよう、常温に戻しておく。

作り方

1 全ての材料をボウルに入れ、ハンドミキサーで、白っぽくふわっとするまで混ぜる。

2 星形の口金をセットした絞り袋に入れる。

※抹茶クリームは、冷蔵庫に入れると固くなるため、絞る直前に作ること。

仕上げ

焼き上がった生地に、抹茶クリームを絞り、コーヒー豆チョコを卵に見立てて飾る。

【和田さんよりひとこと】

イースターは、最近は日本でも耳にするようになりましたが、英国のイースター菓子はまだまだ知られていません。春らしいパステルカラーや、うさぎや卵のモチーフのティーフーズはとてもかわいいですが、当店の目指しているアフタヌーンティーセットは、ただ見た目がかわいいだけではなく「英国らしさ」が楽しめるもの。そのため、イースタービスケットやシムネルケーキ、ホットクロスバンズ（スコーン）など、ストーリーのある英国菓子を入れています。
また、シムネルケーキは、なかなか手に入らない英国菓子のため、イースターの時期、当店のオンラインストアでは人気です。

Matcha Easter Cup Cakes

抹茶のイースターカップケーキ

ミニカップケーキを鳥の巣に見立てて、
ホワイトチョコの卵をトッピングした、
見た目もかわいいお菓子です。

材料（直径4.5cm、底3cm、高さ2.4cm
ミニマフィン型　12個分）

無塩バター ……… 50g
グラニュー糖 ……… 50g
卵 ……… 1個（約50g）
薄力粉 ……… 50g
ベーキングパウダー ……… 2g
ゆであずき（缶入り） ……… 大さじ2
コーヒー豆チョコ・ホワイト（市販品）

※トッピング用。ない場合はマジパン（市販品）を丸めて飾る。

下準備

- 卵は常温に戻しておく。
- バターは指がすっと入るくらいの柔らかさになるよう、常温に戻しておく。
- ミニマフィン型に同じサイズのグラシン紙カップをセットしておく。
- オーブンは160℃に予熱しておく。

作り方

1 ゆであずき以外の材料をボウルに入れ、ハンドミキサー（高速）で約5分混ぜる。

2 1にゆであずきを加え、粒をつぶさないようさっくり混ぜる。

3 2を絞り袋（口金は不要）に入れ、ミニマフィン型に8分目まで生地を絞り入れる。

4 160℃のオーブンで、15分程焼く。

5 焼き上がったら型から外し、網などの上で冷ましておく。

ピーターラビットのアフタヌーンティー

うさぎのピーターが活躍する、
ビアトリクス・ポター原作の
「ピーターラビットのおはなし」にちなんだ
アフタヌーンティーです。
ピーターが好きそうなメニューを、
ピーターにあわせて小さなサイズにしました。

Menu

カモミールティー P.58

おとうさんのパイ P.59

ピーターのハムエッグ P.58

ニンジンのオープンサンド P.59

うさぎたばこのスコーン P.31

ホウレンソウのヴィクトリアンケーキ P.62

キャロットケーキ P.60

イートンメス P.63

(右)ピーターのハムエッグ、(左)ニンジンのオープンサンド、(奥)おとうさんのパイ。

Peter's Ham and Eggs

ピーターのハムエッグ

(うずらの卵の目玉焼き)

ちょっとやんちゃなうさぎのピーター。うずらの卵を使った小さな目玉焼きは、彼が食べやすいサイズにしてみました。

材料(4個分)

うずらの生卵 ……… 4個
ハム ……… 1～2枚
クラッカー ……… 4枚

作り方

1 うずらの卵をフライパンに割り入れ、目玉焼きを作る。

※好みで塩コショウをふる。

2 目玉焼きサイズに合わせてハムをカットし、クラッカーの上にハムと1を乗せる。

Chamomile Tea

カモミールティー

「ピーターのおはなし」に登場するハーブの一種、カモミールを使った紅茶です。ピーターのお母さんに想いをよせて。

材料

ドライカモミール(市販品)
お好みの茶葉
ハチミツ ……… 少々

作り方

お好みの紅茶を淹れるときに、ひとつまみのドライカモミールを加えて茶葉と一緒に蒸らし、ハチミツで甘味を加える。

Carrot Open Sandwiches

ニンジンのオープンサンド

（キャロットラペ）

ピーターの大好物のニンジンを使ったサラダをバゲットに乗せました。ハチミツを使い、まろやかな甘みとコクを。

材料（４人分）

ニンジン……1本
酢……大さじ2
オリーブオイル……大さじ1
ハチミツ……大さじ1
レーズン……10g
バゲット（スライス）……4枚

下準備

- 調味料を合わせておく。

作り方

1 ニンジンを細切りにし、合わせた調味料とレーズンを加えて混ぜ合わせる。

2 1をバゲットの上に適量乗せる。

うさぎたばこのスコーン（ラベンダースコーン）の材料、作り方はP.31をごらんください。

Peter's father pies

おとうさんのパイ

（コテージパイ）

イギリスの代表的な家庭料理、マッシュポテトとひき肉を使ったコテージパイです。どうしておとうさんなのか？　それはお話を読んでくださいね。

材料（ミニグラタン皿またはミニココット　約10個分）
※通常のひとり用グラタン皿　5個分

タマネギ（中玉）……半分
牛豚あいびき肉……250g
塩……少々
赤ワイン……10ml
ウスターソース……30ml
ケチャップ……20ml
ナツメグ……少々
マッシュポテト……500g（市販の冷凍品を使用）
ピザ用チーズ……150g
ローストアーモンド（飾り用）……適量

下準備

- 塩、赤ワイン、ウスターソース、ケチャップを混ぜ合わせておく。

作り方

1 フライパンにサラダ油（分量外）を入れ、みじん切りにしたタマネギをしんなりするまで炒める。

2 あいびき肉と合わせた調味料を1に加え、水分がなくなるまで煮つめ、火を止める直前にナツメグを加える

3 ミニグラタン皿に、2を30gずつ入れる。

4 3の上に、マッシュポテトを50gずつ乗せ、その上にピザ用チーズを15gずつ乗せる。

5 オーブントースター（高温）で5分くらい焼き、焼き色を付ける。

6 ローストアーモンドを、耳のように飾る。

Carrot Cakes

キャロットケーキ

最近日本でも人気の出てきたキャロットケーキを一口サイズにしました。
イギリスでは砂糖が貴重だった時代に、ニンジンを使って甘味をつけたのが発祥だそうです。

下準備

- クルミは、オーブントースターで8分～10分ローストし、大きいものは刻んでおく。
- ニンジン、サラダ油を合わせて、フードプロセッサーに入れ、ペーストにしておく。(**A**)

※ フードプロセッサーがない場合は、ニンジンをすりおろす。

- ミニマフィン型に、同じサイズのグラシン紙カップを敷いておく。
- オーブンを160℃に予熱しておく。

材料（直径4.5cm、底3cm、高さ2.4cm
ミニマフィン型　12個分）

クルミ …… 15g
ニンジン …… 55g
サラダ油 …… 45ml

卵 …… 45g
ブラウンシュガー …… 55g
薄力粉 …… 70g
ベーキングパウダー …… 3g
塩 …… 0.5g
オールスパイス …… 0.5g

2 1にクリームチーズを加え、ダマが無くなるまで混ぜる。

※ 1の段階でしっかり混ぜてから、クリームチーズを加えないと、砂糖の浸透圧で水が出てくるので注意すること。

【マジパンのニンジン】

材料（12個）

マジパン（市販品）……30 g
食紅（オレンジ・緑）……適量

作り方

1 マジパン20gに、食紅（オレンジ）を爪楊枝などの先で少量加えてよく混ぜ、様子を見ながら足していき、オレンジのマジパンを作る。

※ オレンジの食紅がなければ、赤と黄色を混ぜる。

2 1と同様に、マジパン10gに食紅（緑）を加えて、緑のマジパンを作る。

3 1と2のマジパンを12個に分け、ニンジンの形を作る。

仕上げ

1 絞り袋に丸い口金をセットし、クリームチーズフロスティングを入れる。

2 冷ましておいたキャロットケーキに、1を丸く絞っていく。

3 マジパンで作ったニンジンを飾る。

作り方

1 ボウルに卵とブラウンシュガーを入れ、ハンドミキサーでもったりするまで混ぜる。

※泡立てる必要は無い。

2 1にクルミ以外の残りの材料をふるい入れ、ゴムベラでさっくりと混ぜる。

3 2に（A）を加えて全体が混ざったら、クルミを加える。

4 ミニマフィン型に、生地を9分目まで流し入れる。

5 160℃のオーブンで、約15分焼く。

6 焼き上がったら網の上などに置いて、冷ましておく。

【クリームチーズフロスティング】

材料

無塩バター……24g
粉糖……37g
クリームチーズ……37g

下準備

- クリームチーズは、常温に戻しておく。
- バターは指がすっと入るくらいの柔らかさになるよう、常温に戻しておく。

作り方

1 ボウルに、バター、粉糖を入れ、ハンドミキサーで白っぽくふわっとするまで混ぜる。

【和田さんよりひとこと】

当店のキャロットケーキは、生地にクルミとスパイスを加え、クリームチーズフロスティングをトッピングしています。マジパンで作ったミニキャロットを乗せると、かわいさ倍増！百貨店の催事「英国展」では一番人気のケーキです。

(奥)イートンメス、(中)ホウレンソウのヴィクトリアンケーキ、(左)キャロットケーキ。

Spinach Victorian Cakes

ホウレンソウのヴィクトリアンケーキ

ピーターも大好き！　ホウレンソウを使ったヴィクトリアンサンドイッチケーキです。

下準備

- 卵を常温に戻しておく。
- バターは指がすっと入るくらいの柔らかさになるよう、常温に戻しておく。
- 角型にオーブンシートを敷いておく。
- オーブンは160℃に予熱しておく。

作り方

1 P.20を参照して、ヴィクトリアンサンドイッチケーキの生地を作り、角型に流し入れる。

2 160℃のオーブンで40分~45分焼く。

3 焼き上がったら10cmの高さから軽く落とし、網などの上にとる。粗熱がとれたら型から外す。

4 横半分にスライスし、ラズベリージャムを挟む。

材料（18cm角型　1台分）

無塩バター ……… 150g
卵 ……… 3個(約150g)
微粒子グラニュー糖 ……… 150g
薄力粉 ……… 150g
ベーキングパウダー ……… 6g
ホウレンソウパウダー ……… 7g
（薄力粉・ベーキングパウダー・ホウレンソウパウダーは合わせてふるっておく）
牛乳 ……… 30ml
ラズベリージャム ……… 80g

【和田さんよりひとこと】

ホウレンソウパウダーを加えた生地やクリームは、見た目も味わいもなぜか抹茶に似ています。

作り方

1 スタンドミキサー(またはハンドミキサー)で、高速で卵白を泡立てる。

2 泡立ってきたら、グラニュー糖を大さじ1ずつ加え、その都度しっかり泡立てる。

3 卵白の角がしっかり立ってきたら、ミキサーを中速にし、1分ほど混ぜる。

※ 大きな気泡を潰し、きめ細かな気泡に整えるため。

4 星の口金をセットした絞り袋に入れ、オーブンシートを敷いた天板に、間隔をあけて絞っていく。

5 90℃のオーブンで、1時間〜1時間半焼く。

6 オーブンに入れたまま、1晩乾燥させ、乾燥剤を入れた保存容器に移す。

※ 卵白は、使う前にしっかり冷やしておくと泡立ちやすい。

※ ボウルや器具に、油分などがついていると泡立たないので、きれいな器具を使うこと。

【ホイップクリーム】

材料（作りやすい分量）

生クリーム(乳脂肪分35%) …… 100ml
グラニュー糖 …… 8g
バニラエッセンス …… 一振り

作り方

ボウルにすべての材料を入れ、氷水にあてながら泡立てて、8分立て(ゆるめにトロっとした状態)にする。

仕上げ

1 グラスにメレンゲを入れ、生クリームを乗せる。

2 イチゴやラズベリー、ブルーベリーなどお好みのフルーツを乗せる。

Eton Mess

イートンメス

イギリスの有名校「イートン」から発祥したデザート。「メス」とはぐちゃぐちゃ、という意味で、メレンゲとクリームを混ぜ合わせていただきます。

【メレンゲ】

材料（作りやすい分量・ミニサイズ40〜50個）

卵白 …… 1個分
グラニュー糖 …… 40g

下準備

- ボウルに卵白を入れ、そのままボウルごと冷蔵庫に入れて冷やしておく。

【ホウレンソウクリーム】

材料

無塩バター …… 50g
粉糖 …… 45g
ホウレンソウパウダー …… 5g（市販品）

下準備

- バターは指がすっと入るくらいの柔らかさになるよう、常温に戻しておく。

作り方

材料をボウルに入れ、ハンドミキサーで滑らかになるまで混ぜる。

仕上げ

1 ホウレンソウクリームをケーキの上に塗り広げ、冷蔵庫で冷やし固める。

2 1を好みのサイズにカットする。あれば、ピスタチオを刻んで散らす。

column

イギリス、カントリーサイドのアフタヌーンティー

Text by *Yumi Koseki*

イギリスの南東部にあるノリッジ周辺は、水郷としても有名。

ロンドンの高級ホテルのアフタヌーンティーもいいものですが、地方へ行ったら、必ずティーハウスのアフタヌーンティーをいただきます。ロンドンとは違い、スコーンはごつごつと大きく、サンドイッチもざっくりとしていて、それがまたきどらず、飾らず、イギリスらしさを感じます。

２０２２年の6月、3年ぶりにイギリスへ行けることになったときは、イギリスの南東部、ノリッジにあるティーハウスを訪れることにしました。

ロンドン、リバプール・ストリート駅から約

2時間、イギリスの地図を見ると右側にこぶのように突き出た地域、イーストアングリアは、6世紀頃にはイーストアングリア王国だったことから名付けられた「東のアングル人の土地」という意味。私が訪ねたノリッジは、その中心部ノーフォーク州の州都です。以前アンティーク・フェアでこのあたりまで来ましたが、ノリッジの町は初めて。私と友人はロンドンから由緒ありそうなノリッジ駅にたどり着き、そこから町の中心部の繁華街にある「ビディズ・ティールーム」をめざして歩いていきました。このティールームは、2010年にオープン。ヴィクトリア朝風のたたずまいで、アンティークの食器などで提供されるヴィンテージ・ティールームです。

　アフタヌーンティーは予約制で、2階の屋根裏のような部屋でいただきます。うれしいのは、アフタヌーンティーセットを人数分、予

ノリッジの町の中心にあるマーケット。

今回の旅の目的である「ビディズ・ティールーム」のエントランス。

お店の1階では、テイクアウェイ用のケーキや、オリジナルブレンドの紅茶などを販売している。

約をしなくてもいいこと。多くのお店のアフタヌーンティーは「最低2名からの予約」などと制限があります。私の友人は小麦粉アレルギーがあるため、アフタヌーンティーセットをすべて食べられません。とくにイギリスの地方のティールームは、ボリュームが多く、私もひとりで全部食べる自信がありません。

と思っていたら、やっぱり「どーん！」という感じで、アフタヌーンティーセットがやってきました。とくにスコーンとケーキが巨大。友人は、お茶とソーセージロールをオーダーして、両方をシェアすることにしました。スコーンはむちっとした、パンのような弾力のあるもの。ケーキは、昔ながらのたっぷりと甘いものでした。ちょっと私には甘すぎましたが、満席の中、まわりのお客さんたちの様子を見ると、みなさんぺろっと完食していたので、ローカルの人々に好まれるタイプなのでしょう。私はスイーツよりも、サンドイッチとサラダ、ソーセージロールといったセイボリーが気に入りました。

イギリスの地方は、コッツウォルズやバースといった有名観光地がある西部にくらべると、ノリッジなどの東部は、観光地としては遅れをとっている感じがあります。しかしそれだけ、昔のたたずまいが残っていて、ノリッジの町も古いアールデコ様式のアーケードがあったり、アンティークショップやレコードショップ、古いティーハウスがあったりと、イギリスらしい雰囲気がいっぱいでした。ちょっとさびれているエリアもありますが、アンティーク好きの私としては、再開発されたピカピカの高層ビルの町より、そんなところにもまた風情を感じるのでした。

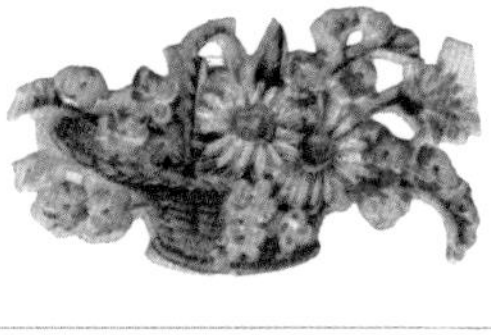

ビディズ・ティールームのアフタヌーンティーメニューと、ソーセージロール、お茶など。ケーキは大きくてどっしりと甘い、昔のイギリスを思い起こさせる味。サンドイッチもボリュームがあり、添えられたサラダとともに美味。

紅茶づくしの
アフタヌーンティー

紅茶専門店ベリーズティールーム自慢のアフタヌーンティー。
それぞれの茶葉の特徴をいかした、オリジナルのティーフーズは、
紅茶好きだけでなく、英国菓子好きにもおすすめです。
温かい紅茶がおいしくなる秋ごろから、ぜひ。

Menu

ティーソーダ　P.119

紅茶ポークの
クランペット・オープンサンド　P.70

キャンディ紅茶のスコーン　P.32

バラブリス（ティーブレッド）　P.71

イチジクとディンブラ紅茶の
ティーケーキ　P.75

アッサム紅茶のカップケーキ　P.73

ローズ紅茶のクッキー　P.72

ルフナ紅茶のミルクティーゼリー　P.74

ティーソーダ
材料、作り方は
P.119を
ごらんください。

(左奥)紅茶ポークのクランペット・オープンサンド、(右)バラブリス。

紅茶ポークのクランペット・オープンサンド

紅茶とリンゴジュースの効果でさっぱりした豚肉と、自家製クランペットのオープンサンドです。どちらもひと手間かかりますが、おいしさは格別です。

作り方

1 豚ヒレブロックは、全体に塩をふっておく。

2 鍋に紅茶ティーバッグ、湯、リンゴジュースを入れ沸騰させる。

※ キャンディ、ウバ、ルフナなど、香りにクセがないスリランカ紅茶がおすすめです。

3 2に1を入れ、中火で20〜30分煮る。

4 煮汁につけたまま、約2時間冷ます。

仕上げ

1 1/2にカットしたクランペットをトーストし、スライスした紅茶ポークを乗せる。

2 紅茶ポークの上に粒マスタードを添え、ブロッコリースプラウトを飾る。

材料（4人分）

クランペット ……… 2枚(作り方は P.76参照)
紅茶ポーク ……… 適量
粒マスタード ……… 少々
ブロッコリースプラウト ……… 少々

【紅茶ポーク】

材料（作りやすい分量）

豚ヒレブロック ……… 300g
塩 ……… 小さじ1
紅茶ティーバッグ ……… 2個
湯 ……… 200ml
リンゴジュース ……… 100ml
しょうゆ ……… 50ml

キャンディ紅茶の
スコーンの材料、
作り方はP.32を
ごらんください。

【和田さんよりひとこと】

紅茶は油分を流し、さっぱりさせてくれる効果があります。豚肉に合わせると、油っぽさがなくなり、あっさりするので食べやすくなります。そのまま食べてもおいしいですし、刻んでチャーハンなどに加えるのもおすすめです。

Bara Brith

バラブリス
（ティーブレッド）

ドライフルーツをキャンディ紅茶に漬けて、パウンド型で焼き上げます。ウエールズ発祥のパンのようなお菓子です。

材料（Lパウンド型　1台分）

ドライフルーツミックス（レーズン、
　クランベリー、イチジク等）……200g
ブラウンシュガー……100g
熱湯……220ml
茶葉（キャンディ紅茶）……6g
薄力粉……220g
ベーキングパウダー……9g
オールスパイス……小さじ1/2
卵……1個（約50g）

下準備

- ドライフルーツミックス、ブラウンシュガー、P.112を参照して220mlの熱湯で淹れたキャンディ紅茶をボウルに入れてよく混ぜ、一晩置く（**A**）。
- 卵を常温に戻しておく。
- 型の底と側面に、オーブンペーパーをぴったりと敷いておく。
- オーブンを160℃に予熱しておく。

作り方

1 **A**に、薄力粉、ベーキングパウダー、オールスパイスをふるい入れ、粉けがなくなるまでゴムベラでよく混ぜる。

2 溶きほぐした卵を**1**に少しずつ加え、よく混ぜる。

3 **2**をパウンド型に入れ、160℃で40分～45分焼く。

4 焼きあがったら型から外し、網などの上で冷ます。

5 **4**がさめたらスライスして、食べる前に軽くトーストし、バターを添える。

【和田さんよりひとこと】

バラブリスは、ティーブラックやティーケーキとも呼ばれ、油脂が入っていないので、バターを塗って食べます。ドライフルーツがたっぷりで、スパイスのきいた、贅沢なぶどうパンのようなものです。朝食にもぴったりです。

(手前)ローズ紅茶のクッキー、(左)アッサム紅茶のカップケーキ、(奥)イチジクとディンブラ紅茶のティーケーキ、(右)ルフナ紅茶のミルクティーゼリー。

ローズ紅茶のクッキー

ローズ紅茶葉をそのまま生地に混ぜ込み、焼き上げたクッキーです。
お好みのフレーバーティーとローズペタルでも作ることができます。

下準備

- 卵を常温に戻しておく。
- バターは指がすっと入るくらいの柔らかさになるよう、常温に戻しておく。
- 天板にオーブンペーパーを敷いておく。
- オーブンは150℃に予熱しておく。

作り方

1 ボウルに、バター、微粒子グラニュー糖を入れ、ゴムベラで白っぽくなるまですり混ぜる。

2 1に卵、塩を加え、よく混ぜる。

材料（10枚〜12枚）

無塩バター ……… 45g
微粒子グラニュー糖 ……… 18g
塩 ……… ひとつまみ
卵 ……… 5g
薄力粉 ……… 50g
茶葉（ローズ紅茶「クラシックローズ」P.123） ……… 3g

Assam Tea Butterfly Cupcakes

アッサム紅茶のカップケーキ

アッサム紅茶とクリームチーズのバタークリームを、ミニカップケーキにトッピングしました。

作り方

1 すべての材料をボウルに入れ、ハンドミキサー（高速）で、約5分混ぜる。

2 1を絞り袋に入れ（口金は不要）、ミニマフィン型に8分目まで生地を絞り入れる。

3 160℃のオーブンで、12分～15分焼く。

【アッサム紅茶のバタークリーム】

材料（12個分）

茶葉（アッサム紅茶）……3g
無塩バター……45g
粉糖……50g
クリームチーズ……5g

下準備

- バターは指がすっと入るくらいの柔らかさになるよう、常温に戻しておく。

作り方

1 茶葉に、ひたひたの熱湯（分量外）を加えてラップをして5分蒸らし、茶液を絞っておく。

2 バター、クリームチーズをボウルに入れ、ハンドミキサーでよく混ぜる。

3 2に粉糖を加え、ふんわりするまでしっかり混ぜる。

4 3に1の茶液を少しずつ加えて、その都度しっかり混ぜる。

仕上げ

星型の口金をセットした絞り袋に、バタークリームを入れ、カップケーキに絞り入れる。あればピスタチオを飾る。

材料（直径4.5cm、底3cm、高さ2.4cm
ミニマフィン型　12個分）

無塩バター……50g
グラニュー糖……50g
卵……1個（約50g）
薄力粉……50g
ベーキングパウダー……2g
牛乳……10ml

下準備

- 卵を常温に戻しておく。
- 無塩バターは指がすっと入るくらいの柔らかさになるよう、常温に戻しておく。
- ミニマフィン型に同じサイズのグラシン紙カップを敷いておく。
- オーブンは160℃に予熱しておく。

3 2に薄力粉をふるい入れ、茶葉を加えて、さっくりと混ぜる。

※練ると、固い生地になるので注意。

4 生地をラップに包み、直径約3cmの棒状になるようころころ転がして形を整え、冷凍庫で30分以上冷やす。

5 4のまわりにグラニュー糖（分量外）をまぶし、2cmの厚さにカットする。

6 天板に間隔をあけて並べ、150℃のオーブンで15分～20分焼く。

7 焼きあがったら、網などの上で冷ます。

紅茶とのペアリング

キャンディ、ディンブラなどスリランカ紅茶がおすすめ。お菓子に入った紅茶の繊細な香りを楽しむために、香りが強くない紅茶を合わせます。

Milk Tea Jelly with Ruhuna Sauce

ルフナ紅茶のミルクティーゼリー

ミルクティー向きの茶葉、ルフナを使ったゼリーです。ルフナソースをトッピングして、ひと味違う仕上げに。

材料（ミニグラス30ml　8個分）

粉ゼラチン ……… 5g
茶葉（ルフナ紅茶） ……… 8g
熱湯 ……… 100ml
牛乳 ……… 100ml
グラニュー糖 ……… 15g

ルフナソース ……… 適量

下準備

- 粉ゼラチンを冷水20ml（分量外）でふやかし、約15分冷蔵庫に入れておく。

作り方

1 茶葉に熱湯を入れ、4分蒸らしておく。

2 ボウルに**1**を濾し入れ、粉ゼラチン、グラニュー糖を加えて溶かす。

3 **2**に牛乳を加えて混ぜ、ミニグラスに注ぎ、冷蔵庫で2時間冷やし固める。

【ルフナソース】

材料

牛乳 ……… 40ml
グラニュー糖 ……… 10g
茶葉（ルフナ紅茶） ……… 2g
熱湯 ……… 大さじ1

下準備

- 茶葉に熱湯をかけて、4分蒸らしておく。

作り方

1 すべての材料を小鍋に入れて、弱火にかけ、混ぜながら5分～10分煮つめる。

2 **1**を茶こしで濾す。

3 **2**が常温くらいに冷めたら、冷やし固めたミルクティーゼリーにかける。

【和田さんよりひとこと】

一般的に、紅茶味のお菓子は、アールグレイなどフレーバーティーの香料をきかせたものばかり。なぜかというと、紅茶の香りは繊細で、お菓子に焼き込むと香りが飛んでしまうからです。「紅茶づくし」のアフタヌーンティーを考案したのは、フレーバーティーの香料に頼らず、紅茶本来の香りや味わいを生かしたお菓子を作りたい！という思いから。紅茶専門店ならではの自慢のラインナップです。

イチジクとディンブラ紅茶のティーケーキ

コクと渋みのバランスがよいディンブラ紅茶風味のイチジクと、ディンブラの茶葉を入れた、紅茶好きにぴったりのお菓子です。

材料（15cm丸型　1台分）

無塩バター ……… 100g
卵 ……… 2個（約100g）
グラニュー糖 ……… 100g
薄力粉 ……… 120g
ベーキングパウダー ……… 5g
熱湯 ……… 220ml
茶葉（ディンブラ紅茶） ……… 12 g
牛乳 ……… 30ml
ドライイチジク ……… 100g

下準備

- ドライイチジクは、半割（大きいものは1/4）にし、P.112を参照して6gの茶葉（ディンブラ紅茶）と220mlの熱湯で淹れた茶液に浸し、一晩置く。
- 卵を常温に戻しておく。
- バターは指がすっと入るくらいの柔らかさになるよう、常温に戻しておく。
- 型の底と側面に、オーブンペーパーをぴったりと貼っておく。
- オーブンを160℃に予熱しておく。

作り方

1 茶葉（ディンブラ紅茶）6gに、ひたひたの熱湯（分量外）を加え、ラップをして3分蒸らした後、牛乳と合わせる。

2 バターとグラニュー糖をボウルに入れ、ハンドミキサーで白っぽいクリーム状になるまでよく混ぜる。

3 溶きほぐした卵を1/3ずつ加え、その都度よく混ぜる。

4 3に薄力粉とベーキングパウダーを合わせて、ふるい入れる。

5 ゴムベラに持ちかえて、さっくりと混ぜ、粉けがなくなったら1を茶葉ごと加え、生地につやが出るまでしっかりと混ぜる。

6 5に水気を切ったドライイチジクを加える。

7 型に6を流し入れ、160℃のオーブンで45分焼く。

8 焼き上がったら型から外し、網などの上で冷ます。

※ イチジクの代わりに、熟したバナナをつぶして加えてもおいしいです。その場合、バナナは茶液に浸さず、そのまま使ってください。

クランペットの作り方

Crumpets

クランペット

イギリスのティールームなどでもおなじみのメニュー、クランペット。もちもちとしたその生地が特徴です。ベリーズティールームのクランペットはドライイーストのみで作るため、表面に穴があいていないのが特徴です。

材料（直径7.5cmのタルトリング
10〜12枚分）

薄力粉 …… 300g
塩 …… 6g
グラニュー糖 …… 15g
ドライイースト …… 6g
牛乳 …… 375ml

下準備

- タルトリングに、油（分量外）を塗っておく。

【和田さんよりひとこと】

イギリスではクランペットリングが販売されていますが、日本では手に入りにくいので、お店ではタルトリング（セルクル）を使用しています。

1

薄力粉、塩、グラニュー糖を合わせてふるう。

2

1にドライイーストを加え、だまにならないようにホイッパーで10回程度、かき混ぜておく。

3

牛乳を電子レンジで約2分、40℃くらいになるまで温めたら2に加え、生地が滑らかになるまでホイッパーで混ぜる。

ホイッパーから流れる程度になるまで混ぜる。

4

3にラップをして、オーブンレンジの発酵機能を使って（機能がない場合は40℃に設定）、30分〜35分、生地が2倍になるまで発酵させる。

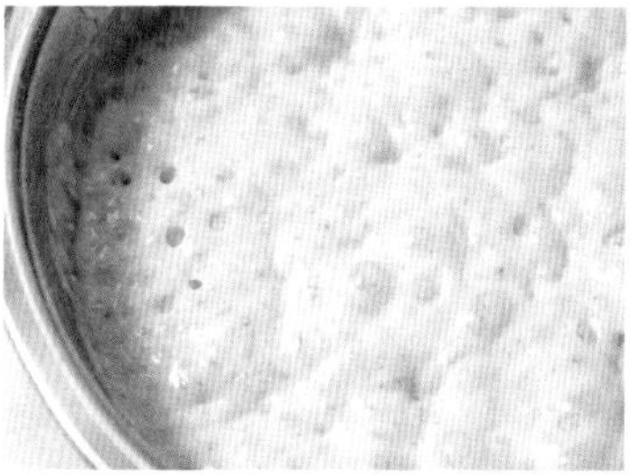

生地の発酵の度合いは、季節によって変わる。夏は30分、冬は35分ほどが目安。

5

ホットプレートに油（分量外）を敷き、油を塗っておいたタルトリングを乗せて、140℃に予熱する。

Point

ホットプレートを予熱するとき、
タルトリングも一緒に
予熱しておくと、リングに
生地がくっつきにくくなる。

Point

この段階でしっかりガス抜き
しないと、焼く時に膨らみすぎ、
冷めたらぺたんと萎んでしまう。
ガス抜きは手間だけれど
大切な作業。

6

4の生地をレードル（無ければ、お玉）で、ガスを潰すように混ぜる。（100回が目安）

7

ホットプレートの予熱が終わったら、タルトリングに生地を流し入れ、4～5分焼く。生地の表面にふつふつと穴があいて乾いてきたら、裏返して1分焼き、型から外してできあがり。

【和田さんよりひとこと】

クランペットは表面に穴があいているものが一般的と思われがちですが、当店のクランペットはイギリスの家庭で作るようなドライイーストだけで、膨張剤などの添加物を使わないため、あまり穴があいていません。穴をあけたい場合には、重曹か、ベーキングパウダーを追加してください。

Egg Benedicts

エッグ ベネディクト

アメリカ発祥のメニューですが、イギリス人も大好き。ハムやスモークサーモンをトッピングしてもおいしいです。

材料（4人分）

クランペット ……… 4枚
ポーチドエッグ ……… 4個
オランデーズソース ……… 適量

【ポーチドエッグ】

材料

卵 ……… 4個
酢 ……… 50ml

作り方

1 大きめの鍋いっぱいに水を入れ、火にかけ沸騰させる。

2 中火にし、酢をまわし入れる。

3 菜箸などでぐるぐる円を描き、水流を作る。

4 卵を次々と割り入れ、水流を保ったまま、3分経ったら、穴あきレードルなどでひき上げ、氷水にとる。

【オランデーズソース】

材料（作りやすい分量）

無塩バター ……… 100g
卵黄 ……… 2個
塩 ……… ひとつまみ
コショウ ……… 少々

作り方

1 バターを電子レンジで溶かす。

2 卵黄を湯せんで温めながら、ハンドミキサーでとろりとするまで混ぜる。

3 溶かしバターを分離しないように、2に少しずつ加えながら、混ぜる。

4 塩、コショウで味を調える。

※冷蔵庫に入れると固まってしまうので、食べる直前に作ること。

仕上げ

クランペットを軽くトーストしてポーチドエッグを乗せ、オランデーズソースをかける。

Banana & Toffee Cream Sauce Crumpet Sandwiches

バナナ＆トフィークリーム・ソースのクランペットサンド

クランペットをサンドイッチに！バナナをバターとブラウンシュガーで加熱（キャラメリゼ）して、トフィークリーム・ソースとあわせます。

作り方

1 無塩バター、粉糖をボウルに入れ、ミキサーで白っぽくふわっとするまで混ぜる。

2 1にクリームチーズ、トフィークリームを加えて混ぜ、トフィークリーム・ソースを作る。

【バナナのキャラメリゼ】

材料（2人分）

無塩バター ……… 25g
ブラウンシュガー ……… 30g
塩 ……… ひとつまみ
バナナ ……… 2本

下準備

- バナナは厚切りにスライスしておく。

作り方

1 フライパンに、バター、ブラウンシュガー、塩を入れ、火にかける。

2 1が溶けて沸騰してきたらバナナを一度に入れ、全体に絡めたら火をとめる。

3 濡れ布巾の上にフライパンを乗せて冷ます。

仕上げ

クランペットの真ん中に切り込みを入れ、トフィークリーム・ソース、バナナのキャラメリゼを挟む。あればピスタチオを飾る。

材料（2人分）

クランペット ……… 2枚
トフィークリーム・ソース ……… 適量
バナナのキャラメリゼ ……… 適量

下準備

- クリームチーズとバターは、指がすっと入るくらいの柔らかさになるよう、常温に戻しておく。
- トフィークリームを作っておく。

【トフィークリーム】

材料（作りやすい分量）

コンデンスミルク ……… 1缶（400g入り）

作り方

1 コンデンスミルクを、たっぷりの湯を入れた鍋で、缶のまま（開封せずに）約3時間煮る。

※ お湯が少なくなってきたら途中で足す。
※ コンデンスミルクのチューブ（約150g）の場合は、1時間半程度煮る。

2 煮終わったら、缶のまま冷ましておく。

【トフィークリーム・ソース】

材料

クリームチーズ ……… 80g
無塩バター ……… 50g
粉糖 ……… 80g
トフィークリーム ……… 20g

クランペットラバー、おすすめの食べ方

私はイギリスの粉ものがとても好きで、スコーンも大好きですがクランペットも大好物。「どんなもの？」とよく聞かれるのですが、「大判焼きの皮のようなもの」と答えています。パンケーキの一種、とも言えるのですが、パンケーキというと、私は生地が薄いイメージ。クランペットは「クランペットリング」という型を使って厚みを出し、イーストを使って発酵させているため、モチモチしているのが特徴です。ヴィクトリア朝にアフタヌーンティーが最初に始まったときは、バターつきのクランペットを食べていたとか。当時のイギリスの家庭では、暖炉の火にかざしてクランペットを温めなおしたので、「トースティングフォーク」という、大きくて長いフォークが、アンティークとして残っています。

生地の片側に、ぼつぼつと穴があいているのが特徴ですが、ベリーズティールームのクランペットには穴が開いていません。和田さんにお聞きしたところ、「穴を開けるためには重曹を使いますが、重曹は食品添加物の一種なので、私は使いません」というお答えが。食品用の重曹は、少量の摂取であれば体に影響はないそうですが、それでもとらなくていいものだったら、ないほうがいいですね。穴が開いていないと、本当のクランペットではない！という方もいらっしゃいますが、私はおいしければＯＫです。

イギリスに住んでいた頃、よく食べたクランペット。バターとハチミツやジャムといったシンプルな食べ方もいいのですが、いろいろなバリエーションでもぜひ食べていただきたく、おすすめの食べ方をご紹介します。

Text by *Yumi Koseki*

クランペットラバーにおすすめの食べ方

クリームチーズ&マーマレード

イギリスでは、マーマレードは朝食のみ。なぜか、他の食事時間やおやつには食べません。私はほろ苦い「ビター」というイギリスのマーマレードが大好物なので、いつでも食べています。バターでもいいのですが、クリームチーズのちょっとした酸味とコクが合います。

クロテッドクリーム&スモークサーモン

スモークサーモンにはクリームチーズと思っていたので、ありそうでない組み合わせでした。こちらは、友人の料理研究家から教えてもらいました。クロテッドのミルキーで濃厚なコクがベストマッチ。塩分が足りなかったら、イギリス産のシーソルト「マルドン(写真はスモーク)」を少しトッピングするのもおすすめです。

ヌテラ

ヘーゼルナッツペーストに砂糖やココア、脱脂粉乳などを入れた、チョコレート風味のスプレッドです。イギリスでは子供の大好物で、てっきりイギリス産だと思っていたら、イタリアが産地でした。そんなに甘くないので、お好みでたっぷりつけてお召し上がりください。軽いおやつにぴったりです。

バター&マーマイト

マーマイトとは、発酵させた植物由来の栄養食品です。なぜかビーフエキスのような独特の味がします。以前は大嫌いでしたが、ここ数年やみつきに。バターとの相性がよく、イギリスではトーストに塗るのが一般的ですが、クランペットでもぜひ。おいしくいただくコツは、しょっぱいので薄く塗ること。

Drink Me...

BERRY'S
TEA

Menu

クリスマスティー P.122

チキンのオープンサンド、
クランベリーソース添え P.88

ブロッコリームース P.89

クリスマスピンチョス P.89

クランベリーとホワイトチョコの
スコーン P.32

ミンスパイ P.90

オレンジカップケーキ P.92

イチゴのムース P.93

ジンジャーブレッドマン P.93

*

英国のクリスマス・アフタヌーンティー

1年でいちばんのごちそうを食べるのが、イギリスのクリスマス。
ドライフルーツやスパイスを使った特別なティーフーズで、
クリスマス・ホリディを楽しみます。

チキンのオープンサンド、クランベリーソース添え

（左）チキンのオープンサンド、クランベリー添え、（奥）クリスマスピンチョス、（右）ブロッコリームース。

クリスマスといえば、ロースト・ターキー（七面鳥）にクランベリーソースがマスト。
かわりに手に入りやすいチキンでオープンサンドにしました。

材料（4人分）

カンパーニュ（田舎パン）の薄切り ……… 4枚
鶏むね肉 ……… 1枚
白ワイン ……… 少々
塩 ……… 少々
クランベリーソース（市販品・缶詰）

作り方

1 鶏むね肉の水分をペーパータオルでふき、皮を外す。

2 1を全体にフォークで穴をあけ、塩と白ワインをふる。

3 2を耐熱皿に入れ、ラップをかけて600Wのレンジで5分、ひっくり返して更に5分かける。そのまま冷めるまでおき、予熱で火をとおす。

4 3を包丁で細切りにし、塩、コショウ（分量外）で味を調える。

5 薄切りにしたカンパーニュに4を乗せる。

6 5にクランベリーソースを適量かける。

※ クランベリーソースは、市販の缶詰を利用すると便利。缶詰が手に入らない場合、冷凍クランベリーを鍋に入れ、クランベリー全量の1/3の砂糖と、砂糖と同量の水を加え、鍋で煮るとソースができる。

Christmas Pintxos

クリスマス ピンチョス

ケークサレ、ミニモッツァレラチーズ、ミニトマトをピンチョスにしました。ケークサレは市販品を使っても。

材料（4人分）

ケークサレ……4切れ
ミニトマト……4個（大きい場合は半分にカット）
モッツァレラチーズ（ミニ）……4個
ピンチョス用のピン……4本
クレイジーペッパー（市販品）……少々

【ケークサレ】

P.50を参照し、ケークサレ（うずらの卵は入れない）を作る。

仕上げ

2cm角のサイコロ状（ミニトマトと同じくらいのサイズ）に切ったケークサレ、ミニトマト、モッツァレラチーズ（ミニ1玉）を、ピンに刺して、クレイジーペッパーをふりかける。

Broccoli Mousses

ブロッコリー ムース

クリスマスツリーを思わせるグリーンのムースを、ブロッコリーで作りました。クリスマス・ディナーの前菜としてもおすすめです。

材料（4人分）

ブロッコリー……100g
水……100ml
チキンコンソメキューブ……1個
粉ゼラチン……5g
生クリーム（乳脂肪分35%）……50ml

下準備

- ブロッコリーは小房に分け、さらに半分から1/3に切っておく。
- 粉ゼラチンを20mlの冷水（分量外）でふやかしておく。

作り方

1 鍋に水を入れて火にかけ、沸騰したら、ブロッコリーとコンソメキューブを加える。

2 ブロッコリーが茎まで柔らかくなったら火をとめ、60℃くらいまで温度が下がったら、粉ゼラチンを加えて溶かす。

※ ブロッコリーは、ゆですぎると色が悪くなるので注意すること。

3 2をフードプロセッサーでペースト状にする。

4 3を鍋に戻し、氷水に当てて、ゴムベラで混ぜながら冷やし、トロリとしてきたら生クリームを一度に加え、塩、コショウ（分量外）で味を調える。

5 4をバット等に流し入れ、冷蔵庫で2時間冷やし固める。

6 5を長方形にカットして、あればブロッコリースプラウトを飾る。

Mince pies

ミンスパイ

クリスマスには欠かせないお菓子。クリスマスから十二夜まで、毎日1個ずつ食べると、その年に幸せが訪れると言われています。

下準備

- クルミを160℃（または弱）のオーブントースターでローストしておく。
- レーズン、カレンズ、オレンジピールをブランデーに30分以上浸しておく。

【ミンスミート】

作り方

1 レモン果汁、クルミ以外の材料を鍋に入れて、弱火にかけ、焦げないように混ぜる。

2 バター、三温糖が溶けて、全体が馴染んだら火を止め、レモン果汁、クルミを加え、フードプロセッサーで細かくする。

【ミンスミート】

材料（作りやすい分量）

レーズン …… 200g
カレンズ …… 200g
オレンジピール …… 80g
ブランデー …… 60ml
三温糖 …… 100g
無塩バター …… 60g
リンゴ …… 1/4個
シナモン …… 小さじ1/2
ミックススパイス …… 小さじ1/2

レモン果汁 …… 大さじ1
クルミ …… 20g

紅茶とのペアリング

当店オリジナルのクリスマスティーは、スパイスをふんだんに使ったティーフーズにぴったりです。

クリスマスティーの材料と作り方はP.122、クランベリーとホワイトチョコのスコーンはP.32をごらんください。

ショートクラストペストリーについて

ショートクラストペストリーは、イギリスでとても一般的なパイ生地のこと。砂糖不使用で甘くなく、サクサクした食感が特徴。フルーツはもちろん、キッシュなどセイボリー系のフィリングにも合う。

材料（作りやすい分量）

薄力粉 ……… 90g
全粒粉 ……… 23g
無塩バター ……… 54g
塩 ……… 1g
冷水 ……… 20〜30ml

下準備

- バターは1cm角に切り、冷やしておく。
- オーブンを160℃に予熱しておく。

作り方

1 ショートクラストペストリー生地を作る。スタンドミキサー（又はフードプロセッサー）に、薄力粉、全粒粉、バター、塩を入れ、粉チーズ状になるまで混ぜる。

2 1に冷水を少しずつ加え、ひとまとめになったらミキサーを止める。

3 2を2mmの厚さに麺棒で伸ばし、6cmの菊型で抜く。

4 ミニマフィン型に3を敷きつめ、ミンスミートをそれぞれにつめ、3cmの菊型で生地を抜き、フタをする。

5 ペティナイフで、4の上部に穴を2つあける。

6 160℃のオーブンで25分焼く。

7 焼き上がったら、網などの上で冷ます。

※ パイ生地のフタの部分は、菊型でなくてもOK。星型やツリー型などで抜いてもかわいい。

【和田さんよりひとこと】

ミンスパイは中世のイギリスでは、ピューリタン革命の中心人物オリバー・クロムウェルによる倹約の強制で、クリスマスを祝うことを禁止された時代に見つからないように作ったため、小さいサイズになったと言われています。また、クリスマスから十二夜（公現節・1/16）まで、毎日ひとつずつ、12個のミンスパイを食べると、新しい年に幸運が訪れると言われています。当店のミンスパイは一口サイズで、オンラインストアでは12個（1ダース）入りで販売しています。（冬季限定）

Orange Cupcake

オレンジカップケーキ

オレンジ風味のミニカップケーキに、チーズクリームをトッピングしました。

材料（直径45mm、底30mm、高さ24mm ミニマフィン型　12個分）

無塩バター ……… 50g
グラニュー糖 ……… 50g
卵 ……… 1個（約50g）
薄力粉 ……… 50g
ベーキングパウダー ……… 2g
牛乳 ……… 10ml

オレンジピール ……… 50g
※大きければ刻んでおく。あれば、コアントロー（小さじ1）を振りかけておく。

下準備

- 卵を常温に戻しておく。
- バターは指がすっと入るくらいの柔らかさになるよう、常温に戻しておく。
- ミニマフィン型に同じサイズのグラシン紙カップを敷いておく。
- オーブンは160℃に予熱しておく。

作り方

1 オレンジピール以外の材料をボウルに入れ、ハンドミキサー（高速）で、5分程混ぜる。
2 1にオレンジピールを入れ、全体を混ぜる。
3 2を絞り袋に入れ（口金は不要）、ミニマフィン型に8分目まで生地を絞り入れる。
4 160℃のオーブンで、12分～15分程焼く。
5 焼き上がったら、網などの上で冷ます。

【チーズクリーム】

材料

無塩バター ……… 45g
クリームチーズ ……… 5g
粉糖 ……… 50g

下準備

- バター、クリームチーズは指がすっと入るくらいの柔らかさになるよう、常温に戻しておく。

作り方

1 ボウルに、バター、クリームチーズを入れ、ハンドミキサーで柔らかくなるまで混ぜる。
2 粉糖を加えてさらに混ぜ、白っぽいクリームにする。
3 星の口金をセットした絞り袋に入れて、カップケーキに絞る。あれば、刻んだオレンジピールとアラザン（分量外）を飾る。

Gingerbread Man

ジンジャーブレッドマン

ジンジャーブレッドを人形型で抜いたビスケットです。イギリスでは穴をあけて、クリスマスツリーにオーナメントのように飾ることも。

材料（ジンジャーブレッドマンの人形型　10枚～12枚分）

無塩バター ……… 45g
微粒子グラニュー糖 ……… 45g
卵 ……… 13g
薄力粉 ……… 85g
ジンジャーパウダー ……… 小さじ1/2
ミックススパイス ……… 小さじ1/2
チョコペン(白) ……… 1本

下準備

- 卵を常温に戻しておく。
- バターは指がすっと入るくらいの柔らかさになるよう、常温に戻しておく。
- 天板にオーブンペーパーを敷いておく。
- オーブンは150℃に予熱しておく。

作り方

1 バターとグラニュー糖をボウルに入れ、ゴムベラでクリーム状になるまですり混ぜる。

2 卵を加え、よく混ぜる。

3 薄力粉、ジンジャーパウダー、ミックススパイスをふるい入れ、ゴムベラでさっくり混ぜる。

4 3の生地がまとまったら、麺棒で3mmの厚さにのばし、冷蔵庫で30分以上冷やす。

5 天板に、ジンジャーブレッドマンの人形型で抜いた生地を間隔をあけて並べる。

6 150℃のオーブンで、12分～17分くらい、焼き色などの様子を見ながら焼く。

7 焼き上がったら、網などに移して冷ます。

8 7に白のチョコペンで顔を描く。

※ チョコペンがない場合は、卵白4gをホイッパーでほぐし(泡立てない)、粉糖30gと合わせ、少量の水を加えて、固さを調整して作ったアイシングを、小さな絞り袋に入れて代用する。

Strawberry Mousse

イチゴのムース

クリスマスのイメージ・カラーである「赤」のムースをイチゴで。甘酸っぱさ、口当たりのよさを楽しんで。

材料（ミニグラス30ml　10個分）

ゼラチン ……… 5g
生クリーム(乳脂肪分35%) ……… 100ml
砂糖 ……… 20g
ストロベリーピューレ ……… 50g
レモン果汁 ……… 5ml

作り方

1 ゼラチンに冷水20ml(分量外)を加え、15分程ふやかしておく。

2 ストロベリーピューレを耐熱容器に入れて、600Wのレンジで30～40秒温め、1を加えて溶かし冷ましておく。

3 ボウルに生クリーム、砂糖、レモン果汁を入れ、氷水にあてながらハンドミキサーで8分立てにする。

4 3を氷水から外し、2を加えて混ぜ、冷蔵庫で2時間程度冷やして固める。

5 スプーン等で、ミニグラスに4を入れ、あればフリーズドライストロベリーやミント(分量外)を飾る。

アフタヌーンティーダイアリー

季節のアフタヌーンティー・メニュー

ベリーズティールームでは、2ヵ月に1回、
そのときの季節やイベントに合わせて、
アフタヌーンティーのメニューを
変えています。
メニューの一例をご紹介します。

1月

ピーターラビットのアフタヌーンティー

おなじみ世界的に有名な童話、
ピーターラビットに登場するお菓子や、
キャラクターにちなんだメニュー。

ウェルカムティー（カモミールティー）
おとうさんのパイ（コテージパイ）
ピーターのハムエッグ（うずらの卵の目玉焼き）
ニンジンのオープンサンド（キャロットラペ）
うさぎたばこのスコーン
ホウレンソウのヴィクトリアンケーキ
キャロットケーキ
イートンメス

2月

チョコレート×チョコレートアフタヌーンティー

ヴァレンタインにちなんで、
チョコレートづくしの
メニュー。

ウェルカムドリンク（ホットチョコレート）
ローストビーフのオープンサンド
ココアとチョコチップのスコーン
チョコレートファッジケーキ
チョコレートポット
ミリオネアショートブレッド
イチゴのチョコレートがけ

3月

ピンク・アフタヌーンティー

ベリーズティールームの
テーマ・カラーである「ピンク」「ベリー」を
モチーフにしたメニューです。

ウェルカムドリンク（ストロベリーソーダ）
サンドイッチ2種
（チキンのハニーマスタード、卵）
ピンクのスープ（ジャガイモとデーツ）
ストロベリーのスコーン
ストロベリーフール
ピンクのカップケーキ
バッテンバーグケーキ
ピンクのティーカップ型ショートブレッド

PRINCESS

プリンセス・アフタヌーンティー

おひとり様用のアフタヌーンティーセットです。
ケーキだけ、スコーンだけではもの足りないとき、
ひとりでものんびりと
アフタヌーンティーをしたいときに、
おすすめのメニューです。

レモンドリズルケーキ
ショートブレッド
バターファッジ
ヨーグルトムース・ベリーソース添え
カレンズのスコーン（クロテッドクリーム＆イチゴジャム）

（上）プリンセス・アフタヌーンティー、（左）紅茶づくしのアフタヌーンティー。

5月

ヴィクトリアンローズ・アフタヌーンティー

アフタヌーンティーが始まった
ヴィクトリア朝と、
イギリスの国花であるバラをイメージして。

ウェルカムティー（ローズティーソーダ）
サーモンローズのオープンサンド
キューカンバーサンドイッチ
アップルローズケーキ
ローズカップケーキ
ラズベリームース＆ローズゼリー
メルティングモーメント
ローズのスコーン

4月

イースター・アフタヌーンティー

イギリスのイースター（復活祭）に
ちなんだお菓子と、
その象徴である卵をテーマにしています。

ウェルカムティー（オレンジティー）
うずらの卵入りケークサレ
デビルエッグ
サーモンクリームチーズのオープンサンド
ホットクロススコーン
シムネルケーキ
イースタービスケット
抹茶のイースターカップケーキ
マンゴームース

6月

『ダウントン・アビー』の
アフタヌーンティー

世界中で大ヒットした、
1920年代のイギリスを舞台にしたドラマ&映画
「ダウントン・アビー」にちなんで。

ウェルカムドリンク
(エルダーフラワーソーダ)

ケジャリー

全粒粉のスコーン

クレープシュゼット

アップルシャーロット

ラズベリーメレンゲ

7月

トラディショナル
アフタヌーンティー

正統派の
アフタヌーンティー・メニュー。
お客様に一番人気です。

ウェルカムティー(マスカットティー)

サンドイッチ3種
(卵、サーモン、キューカンバー)

フルーツスコーン

英国小麦のヴィクトリアンサンドイッチケーキ

レモンのバタフライカップケーキ

バターファッジ

トライフル

オートミールクッキー

8月

アリスの青い
アフタヌーンティー

イギリスの童話「不思議の国のアリス」の主人公、
アリスの青いドレスをイメージして。

色が変わるウェルカムドリンク(バタフライピー)

トランプサンドイッチ

オレンジスコーン

チェシャ猫のスープ(ビーツ)

ハンプティダンプティのゆで卵

青いケーキ(エルダーフラワーとレモンのケーキ)

青いゼリー

3月うさぎのカップケーキ
(または赤いバラのカップケーキ)

英国小麦のショートブレッド

9月

紅茶づくしの
アフタヌーンティー

紅茶専門店、ベリーズティールームならではの
自慢のメニューです。

ティーソーダ

紅茶ポークの
クランペット・オープンサンド

バラブリス(ティーブレッド)

キャンディ紅茶のスコーン

イチジクとディンブラ紅茶のティーケーキ

アッサム紅茶のカップケーキ

ローズ紅茶のクッキー

ルフナ紅茶のミルクティーゼリー

ハロウィンのアフタヌーンティー。

10月

ハロウィンの アフタヌーンティー

黒と紫をテーマにした、
ちょっと大人のアフタヌーンティーです。

ウェルカムドリンク(ブラッディソーダ)
闇ケークサレ
魚介のピンチョス、イカ墨ソース添え
紫のマッシュポテトのクラッカー
カボチャのスコーン
ブラック・ヴィクトリアンケーキ
目玉乗せカシスムース
紫のカップケーキ
(紫イモのバタークリーム)
コウモリクッキー、カボチャクッキー

11月

スコティッシュ・ アフタヌーンティー

スコーンのふるさと、スコットランドならではの
郷土料理、郷土菓子を中心に。

バノックのオープンサンド
スコッチエッグ
ポテトスコーン
ダンディーケーキ
ファッジ
ショートブレッド
フラップジャック

12月

英国のクリスマス・ アフタヌーンティー

イギリスらしく、
伝統的なクリスマスのメニューを揃えました。

ウェルカムティー(クリスマスティー)
チキンのオープンサンド、クランベリーソース添え
ブロッコリームース
クリスマスピンチョス
クランベリーとホワイトチョコのスコーン
オレンジカップケーキ
ジンジャーブレッドマン
イチゴのムース
ミンスパイ

column

イギリスの貴族の館で、アフタヌーンティー

マナーハウスホテル「クリブデン・ハウス」の正面入り口(下)と、玄関から入ってすぐの広間、グレート・ホール。

イギリス、ロンドンのヒースロー空港から西へ車で約30分のところに、「クリブデン・ハウス」という旧貴族のお屋敷があります。イギリスではこうしたお屋敷を「マナーハウス」と呼びます。以前は、貴族や富裕階級が住んでいましたが、高額な税金や管理費のために維持できず、ナショナルトラストという団体に寄付したり、ホテルにして民間会社が運営しています。

クリブデン・ハウスは、イギリスで最大規模の敷地を持つお屋敷として有名です。1666年に第2代バッキンガム公爵が愛人のために建てたそうです。その後王侯貴族などが住んだ後、持ち主となった初代アスター子爵が手を入れて、現在でも見られるような豪華な造作となり、1985年にホテルとして開業されたそうです。

クリブデン・ハウスの建物を手掛けたのは、ロンドンの国会議事堂などを設計した有名な建築家、チャールズ・バリー。クリブデン・ハ

Text by *Yumi Koseki*

ウスは、彼が得意とするイタリア風の建築様式と、イギリスのゴシック・リバイバルがミックスされた荘厳な建築物となりました。

ヴィクトリア朝の厳かな
重厚感あふれるクリブデン・ハウス

私は日本から来たアフタヌーンティーが好きな友人やロンドン在住の友人と一緒に、2018年イギリス旅の最後、帰国日当日にクリブデン・ハウスを訪れました。予備知識もないまま、ただふらふらと行ったので、有名な観光地だと知ったのは、帰国後のこと。なにも知らずに現地を訪れて、その豪華さにびっくり。

建物正面の玄関口から中に入ると、ベルベッド・レッド・カラーの広間「グレート・ホール」があります。そこから2階へ続く階段からは、宿泊客のみが入ることができるエリアです。アフタヌーンティーを予約した私のような客は、1階部分はどこでも見学、撮影も自由でした。

大富豪だったというアスター家がクリブデン・ハウスを手に入れたのは、1893年のこと。当時のインテリア様式はヴィクトリア朝の荘厳と重厚が特徴です。こちらもいたるところにヴィクトリアンがいっぱいで、当時のスタイルがここまで残っているマナーハウス・ホテルはなかなかありません。

(上)グレート・ホールの奥にある階段からは、宿泊者しか入ることができない。(中)私たちがアフタヌーンティーをいただいた、テラス・ダイニングルーム。(右下)テラスから見える、ナショナルトラストが管理する広大な公園。

階段周辺には、代々の当主の肖像画が飾られ、広間の奥にあった大きな石の暖炉は、16世紀にフランスのボルドーのお城にあったものだそうです。初代アスター子爵がパリで購入し、こちらに移したとのこと。そういわれてみると、イギリスではあまり見かけないタイプ。暖炉だけでもかなり大きいので、フランスのお城もさぞや大きかったことでしょうね。

アフタヌーンティーをサーブしてくださるテラス・ダイニングルームは、ブルーグリーン・カラーを基調に、ゴールドをポイントに入れたインテリアで、エドワード朝の優雅で上品なしつらえです。こちらはきっと何代目かのご当主が、自分好みにヴィクトリア朝からエドワード朝スタイルに変えたのでしょう。こうした大きなお屋敷は、部屋ごとにインテリアの年代や意匠が変わっていることがよくあります。

今風にアップデイトされたATメニュー

クリブデン・ハウスのアフタヌーンティー・メニューは、いちばんベーシックな「クラシック・レッドベルベット・アフタヌーンティー」をオーダーしました。メニューのレッドベルベットというのは、初代当主、ウイリアム・ウォルドルフ・アスターが当時、ニューヨークにあるウォルドルフ・アストリアホテルのオーナーであり、

いちばんベーシックなメニュー「クラシック・レッドベルベッド・アフタヌーンティー」。

（上）2段目にある丸いパイ、ソーセージロールが私のお気に入り
（下）お菓子はいずれも手が込んだものばかり。

そのホテルの名物お菓子、レッドベルベット・ケーキから名付けられたそうです。

訪れたのが10月だったので、お菓子はハロウィンにちなんだものが多く、なかでもパンプキン・シュークリームが美味でした。セイボリーでは、ソーセージロールがおいしかったです。ソーセージロールは、イギリスでは庶民のおやつなので、こうした高級ホテルのアフタヌーンティーで出てくるのは、ちょっと驚きです。イギリスのアフタヌーンティーも、競争が激しくなっていて、今までと違うメニューを出すようになってきたのかもしれません。しかしパイ生地がサクサクしていて、フランス菓子のペストリーシェフが作ったのかな？という印象でした。

私はこの後すぐにヒースロー空港へ行き、帰国してしまったのですが、ナショナルトラストが管理している広大な敷地の公園も、見どころが満載だそうです。近くを流れるテムズ川をクルーズしながら、シャンパンつきのピクニック・ランチの宿泊プランなどもあるそうですから、お時間をたっぷりとって訪れるのをおすすめします。

ベリーズティールーム・ストーリー1
【開業編】

ティールーム開業までの道のり

Text by *Mayumi Wada*

起業のきっかけは、「紅茶」との運命の出会い

「紅茶」との運命の出会いは、2008年の夏。私は大学を卒業し、大手不動産販売会社に勤める普通の会社員でした。就職して2年目の夏。仕事にも慣れてきたので「習いごとでも始めよう」と選んだのが紅茶教室でした。元々紅茶が好きだったのもありますが、一番の理由は、特別な道具を揃える必要がなく、手軽そうだったから。

当時、東京・日本橋にサロンがあった「Cha Tea紅茶教室」（※現在は日暮里に移転）の体験レッスンに参加したところ、紅茶のおいしさに衝撃を受けました。「こんなにおいしい紅茶、飲んだことない！」すぐに入会手続きをし、月1〜2回のペースで通い始めました。この感動体験により、6年後にティールームをオープンすることになるのです。

大好きな紅茶を、仕事にすると決意

趣味として通い始めた紅茶教室。紅茶好きだった私も、意外と知らないことばかり。「ルールを守って淹れた紅茶はおいしい」、「紅茶の産地によって、味や香りが違う」など、紅茶を知れば知るほど、驚きと感動の連続でした。

紅茶教室では、1年ほどかけて、初級から中・上級クラスへステップアップ。なかでも魅了されたのはティーカップ。ウェッジウッド、マイセン等、世界各国の洋食器について勉強しました。Cha Tea紅茶教室のキャビネットには、様々なティーカップがあり、ティータイムで実際に使わせていただいていたので、食器への想いはつのるばかりでした。

夢に期限をつけ、目標に変える

紅茶や洋食器の世界にのめり込むうちに「紅茶に関わる仕事がしたい」と思うようになりました。通っていた紅茶教室の卒業生の中には、教室のアシスタントや自宅で紅茶教室を開いている方もいました。紅茶専門店やティールームの求人も探しましたが、会社を辞めてまでやりたいことだろうか、貯金もない一人暮らしで、会社を辞めたら生活ができなくなる。そんな現実に直面し、一旦、紅茶の仕事探しは保留にしました。しかし、その後も夢をあきらめず、自分の好きなこと、やりたいこと、向いていることを掘り下げていくうちに「ティールームを開きたい」と思い至ったのです。

夢の形が見えてきた20代半ば、私は結婚しました。夫は、同じ不動産販売会社の同期です。夫も、「やりたいことをやればいい」と、応援してくれました。家族の理解・協力なしに、夢を実現させることは難しいので、ありがたいことです。

しかし仕事と家事で、忙しく日々を過ごしているうちに、20代後半にさしかかり、「いつかティールームを開きたい」と心の中では思っていても、「いつかって、いつ?」と焦ってきました。

そこで「20代のうちに、ティールームをオープンする」と決意。「夢」は期限を設けて「目標」にしないと、いつまでも「夢」のまま。そこで期限を定め、本格的に始動することを自分に課しました。

夢を現実に!　本格的な開業へ

開業するために、まず「カフェ開業の本」、「女性オーナーの本」、「経理の本」など書籍を買いあさり、開業の流れ、開業資金、必要な資格や設備など勉強しました。飲食店開業に必要な資格は、食品衛生責任者と知り、すぐに取得。1万円の受講料を支払い、1日講習を受ければ取得できます。

それから「お菓子メニュー」の開発。ティールームに欠かせないお菓子は、なんといっても「スコーン」。ありとあらゆるスコーンのレシピを集め、片っ端から試作。粉、砂糖、配合、焼き時間、焼成温度を少しずつ変えては焼き、変えては焼き……のくり返し。夫や家族、職場でも試食してもらい、感想を聞きました。最初の頃は喜んで試食してくれた夫も、最後には「もういいや」と食べなくなりました。私も「もう一生分のスコーンを食べた」と思ったころ、ようやくレシピが決まってきました。しかしスコーンだけでは、ティールームは開けません。

製菓学校の社会人コースに入学

並行して、大手の料理教室の洋菓子コースに通っていましたが、限界を感じ、ティールームオープンの9ヵ月前、２０１２年4月から製菓学校に通うことを決めました。製菓学校は、料理教室とは受講料が桁違い。こつこつ貯めてきたティールーム貯金を切り崩しましたが「これも必要経費」と入校。

そこには、会社員だけでなく、看護師、栄養士、整体師、和菓子屋など様々な職種の方々が来ていました。主婦や自宅でケーキ教室を開いている方もいました。みなさん「カフェをやりたい」、「ケーキ教室を開きたい」と、それぞれの夢を抱えて入学。先生方は元パティシエで、経験豊富な方ばかり。授業は常に「お店で作る場合」を想定しての実習でした。お菓子作りの基本はもちろん、保存や管理、原価計算や収益の考え方、厨房まわりの掃除の仕方など。それまで抱いていた、ぼんやりとした「ティールーム像」が、次第に輪郭を持ち始め、現実味を帯びてきます。製菓学校は週1回のコースで、朝は9時半から夕方17時前まで。朝から夕方までみっちり実習。毎回、終わったらへとへとでした。

製菓学校では、同じ夢を持つ仲間たちに出会えたことも、財産になりました。一緒にケーキの研究をしたり「どんなお店を開こうか？」といった話をしながら、情報交換をしました。

この頃、会社に退職を申し入れ、有休消化期間に入りました。そして、いよいよ物件探しです！

店舗探しも開始。オープン4ヵ月前

7年半、不動産業に従事していたこともあり、都内の各路線の地価、各駅の不動産の平均単価など、大体、把握していました。不動産の平均単価がわかっていると、その街の住民の層、つまりお客様層が自ずとわかってきます。ティールームでは、紅茶1ポット７００円前後を想定していたので、チェーンのコーヒーショップやカフェとは、単価に大きな開きがあります。「上質な紅茶」に価値を見出してくれる、マダム層が住むエリア「高級住宅街」が近くにある世田谷区、杉並区に絞り物件を探しました。ティールームと茶葉の販売も考えていたので、希望の広さは約10坪。英国式の素敵な外観にしたかったので、1階の路面店は譲れません。

ある日、京王井の頭線「浜田山」駅へ。駅を降りて街の雰囲気を見て「私、この街がいい」と直感。そこで、浜田山駅周辺の不動産屋に、次から次へと入り物件を尋ね歩きました。しかし、「浜田山は人気だから、駅前に物件は出ないよ」と、門前払いされた不動産屋も。それでもめげずに浜田山駅周辺の不動産を訪ね、7店舗目で「ちょうど先月、ここの隣の店舗が空いたよ」と。なんと、広さ、家賃が希望通り！　路面店で、駅から徒歩3分の立地。実際は12坪だったのですが、柱があったり、いびつな形ではなく正形だったので、広く感じました。あっさり希望の物件が見つかり、すぐに、申込書に記入。物件を押さえてもらいました。

この頃、東京商工会議所の主催する、「創業塾」にも参加。起業を目指す人を対象にしたセミナーです。起業や税金のことを、会計士や上場企業の会社社長が講演するものです。参加者は１００人超、年齢も職業も様々な人たちが集まっていました。ここでの出会いが、後々、お店に大きく影響を与えるとは、この時は想像もしていませんでした。人の縁とは不思議なものです。

物件が決まり、資金調達へ

さて、物件が決まってからが大変！　物件の申込はしたものの、資金調達ができなければ、お店は開けません。ティールーム貯金はあるものの、それだけでは到底足りません。事情を説明し、その間、契約を待ってもらうことになりました。

まず、店舗工事費用の概算を出すため、3社の建築設計事務所に見積りを依頼。コンセプトは、もちろん「英国式ティールーム」。そして、「事業計画書」を作成します。必要な資金（開業資金と運転資金）の総額の概算を導き出します。見積もり依頼して出してもらった店舗工事費用の他、保証金や敷金・仲介手数料・保険料などの物件取得費用、業務用の厨房機器の費用、家具や備品の費用の算出。必要な資金から、自己資金額を差し引いた金額を借入れることになります。

そして、売上の試算をします。店舗の広さは決まっているので、まずは客席数の設定をして、それから客単価の設定、1日の来客数、そこから売上を予測します。オープンしてからの売上と、軌道に乗ってからの売上の2通りを試算します。開業資金と売上計画を記載した「事業計画書」を、「創業塾」セミナーを受講した東京商工会議所でチェックしてもらい、返済計画、売上計画に無理がないか、最終確認をしました。そして、それを日本政策金融公庫へ持ち込みます。必要書類は、事業計画書の他、自己資金の通帳の写し、店舗改装工事の見積書などの開業資金の裏付けとなるものや、私と夫の源泉徴収票でした。「会社勤めしていたこと」、「会社勤めしている配偶者がいること（連帯保証人になる、ならないに関わらず）」これらも審査対象になるようです。

審査を待つ間に、店舗改装の図面を確認したり、希望を伝え見積もり額を調整したりしていました。その間、会社の有給消化期間が終わり、7年半勤めた会社を退職しました。

数週間の審査の結果、融資が受けられることになりました。押さえてもらっていた物件を契約し、いよいよ改装工事開始です！

店舗工事を開始

設計士と打ち合わせを重ねながら、床やドア、外観の看板の色、照明などを選びました。厨房機器は、メーカーの展示会や、中古取扱店へ。家具は代官山にある、オシャレな店舗家具を扱うお店で購入。合羽橋の製菓道具店では、必要な製菓道具やメニュー表など揃え、家電量販店でパソコン、プリンター、レンジなど小物の家電を買い揃えました。茶葉をパックするアルミ袋や缶、ラベルの取扱業者からサンプルを取り寄せて選定、発注作業も。

英国式ティールームなので、食器は英国製にこだわりました。洋食器のお店に行き、ティーカップ、ケーキ皿、グラスを買い揃えました。

そして、大切なお店の名前を考え、ロゴやショップカードも自分でデザインして印刷。少しでも費用を抑えるために、自分で作れるものは何でも自分でやりました。オープンまでに必要な物、やっておくことをリストアップし、ひとつひとつ消していきました。内装工事も、日を追うごとに進んでいきます。

取り扱う茶葉は、数社から何十種類もの紅茶のサンプルを取り寄せ、試飲を繰り返しました。製菓学校の同期を招き、自宅で試飲会も開きました。

営業許可&宣伝活動と、直前の学びなおし

年末に、ようやく工事が完了しました。自宅のリビングから、購入していた機器や備品をお店に運びました。設備が整い、お店らしくなりました。

店舗工事完了後は、すぐに保健所に営業許可申請をします。流し台と別に手洗い洗面器設置、ペーパータオルホルダー、ハンドソープの固定など、事前に許可の

取得に必要な項目を確認していたので、立ち入り調査は無事通り、許可が下りました。

喫茶店営業と菓子製造業の2つの許可証を取得。消防庁の許可も必要です。シャッターや火災探知機のチェック等、こちらも設計士が事前に確認していたので、難なくクリアです。

開店のご挨拶のハガキを作り、お世話になった方々、前会社の方々、親族、友人に送りました。近所のお店の方にも、ご挨拶にうかがいました。

宣伝のためにお店のブログを書きはじめ、SNSでも、お店の準備の様子をまめにアップしました。そして、オープンのお知らせのチラシを3000部ほど作り、夫や夫の後輩に協力してもらい、近隣にポスティングしました。

2年程行っていなかったCha Tea紅茶教室に復会したのもこの頃。「もう必要な知識は身についた」と思っていましたが、お店を始める前に、もう一度基礎から学びなおそうと思ったのです。教室は、日暮里に移って、とても素敵な英国式サロンになっていました。先生方は私のことを憶えていてくださり、お店オープンのご報告をすると、応援してくれました。オープンまで1ヵ月あまり、猛スピードで基礎レッスンを再受講しました。

レッスン後のティータイムには、紅茶の復習はもちろん、紅茶の淹れ方などの紅茶教室を、お店でやりたいなと思っていたので、先生方の教え方、レッスン内容も、参考にさせていただきました。

開店準備

2012年の暮れに店舗が完成し、引き渡しとなり、年越し。オープン日は刻一刻と迫ってきます。必要備品を買い足したり、ケーキの試作をしたり、メニュー表を作ったり。ガス、水道、電気の手続きをし、ゴミ収集を産廃業者に依頼するための契約、掃除道具のレンタル契約、厨房機器のリース契約。一体、何度、契約のために自分の名前をサインしたことでしょう。

オープン日は、2013年1月25日と決めていましたが、工事完了からオープンまで日程に余裕が無かったのもあり、プレオープンは考えていませんでした。しかし友人に、「何が不足しているか、やってみないとわからないこともあるから」とすすめられ、オープン1週間前の2013年1月17日、平日の数時間だけプレオープンすることにしました。

プレオープンへ!　オープン1週間前

プレオープンは、お客様の来店↓注文↓作る↓提供↓会計の流れを確認し、現状に「足りないもの」を知り、本番に備えることが目的です。混乱を避けるために、告知はブログやSNSで友人にお知らせした程度で、ひっそりとプレオープン日を迎えました。製菓学校の友人が、プレオープンを手伝ってくれて、とても心強かったです。

お店を掃除して、ケーキを焼いて、エプロンをつけて、照明をつけて準備は整いました。緊張と不安でいっぱいです。「最初のお客様はどなたかな?」、「1人も来なかったらどうしよう……」。

間もなく扉が開き、「チリン」とベルが鳴りました。記念すべき1人目のお客様は、母でした。「会社を辞めて、お店を開く」という、無謀にも見える私のことを心配しながら、山のようにある細かい準備を手伝い、支えてくれた母が最初のお客様として来店してくれたのです。その後も、友人や、通りがかりの方が来てくれました。大きな混乱もなく、数時間限りのプレオープンが終了しました。

プレオープンは、やって正解でした。足りない物がいろいろと判明し、オープン当日までに準備することができるからです。お客様や友人にも、気になる点を聞き、荷物カゴや、化粧室のディスペンサーなど、声があがった物をリストアップしました。ひとつひとつが、お店のイメージを作る大切なパーツです。

また、「もっと紅茶の説明を聞きたい」などのご指摘をありがたく受け止め、来店～注文の流れを、改善していきました。

オープン前日、そして本格的オープンへ

プレオープンで出てきた課題を改善。営業の流れをおさらいし、レジ打ちの練習もします。また、忙しいからといって、身体を壊したら元も子もありません。体調管理も重要な仕事です。

オープンを目前に、これまでを振り返ると、友人たちや家族には、たくさん助けてもらいました。本当に「感謝」の気持ちしかありません。「20代でティールームを開く!」という夢を目標に変えて突き進んできました。この時、私は29歳11ヵ月。2週間後に、30歳の誕生日を控えていました。

Tea
and
Tea Ware

第2章

紅茶とティーウェア

ベリーズティールームの
おいしい紅茶はいかが!?

ベリーズティールームでは、英国式のおいしい紅茶の淹れ方である
「ゴールデンルール」（イギリスで19世紀に出版された『ビートン夫人の家政本』に
記された紅茶の淹れ方を基本としたもの）をもとに、
お店では「2ポット方式」で、ご注文ごとに紅茶を淹れています。

英国式「ゴールデンルール」とは？

以下のルールを守って
おいしい紅茶を淹れます。

1.
良質の茶葉を使う

2.
温めた蓋つきポットを使う

3.
茶葉の量は正確に量る

4.
汲みたて、沸かしたての
沸騰したお湯で淹れる

5.
しっかり蒸らす

※参考文献：『紅茶のすべてがわかる事典』
Cha Tea紅茶教室［監修］（ナツメ社）

How to make a nice cup of Tea

おいしい紅茶の淹れ方

ベリーズティールームでは、ゴールデンルールに則って、「2ポット方式」で紅茶を淹れています。茶葉の量はどの種類でも共通です。

材料（2人分）

好みの茶葉 ……… 6 g
熱湯 ……… 340ml

道具

- ティーポット　2個
- タイマー
- キッチンスケール
- ティーカップ

1

汲みたての新鮮な水道水を98℃以上まで沸騰させる。

※湯温が90℃以上でなければ、紅茶の主成分の抽出が十分にされないため

2

1がやや温まった段階でティーポット①に湯を少量入れて温めティーポット②へ湯を移す。

Point

新鮮で質の良い茶葉を使う

茶葉が古いと、風味が落ちたり、香りが飛んだりなど劣化する。質の良い茶葉を選ぶには、パッケージが小分けしてあり、密封されているものを買うこと。商品の回転がよさそうなお店を選ぶこと。

Point

ポットは事前に温めておく

冷えたままのポットにお湯を入れると湯温が下がり、紅茶の成分が抽出されにくくなる。

Point

別のポットに素早く移す

イギリスは硬水のため、茶葉の渋みやえぐみが出にくいことから、ポットに茶葉（またはティーバッグ）を入れたままのことが多いが、日本は軟水のため、茶葉を入れたままだと渋くなりすぎてしまうので、紅茶をおいしい状態でキープできる2ポット式がおすすめ。

Point

茶葉の量を正確に量る

茶葉6gにつき340mlのお湯で紅茶を抽出する。

Point

汲みたての新鮮な水道水を沸騰させて使う

紅茶のおいしい成分を十分に引き出すには、ジャンピングを起こすことが大切。そのためには酸素をたっぷり含んだ新鮮な水道水を使うこと。

Point

蒸らし時間をきちんと計る

茶葉の種類によって、最適な蒸らし時間が決まっているため、タイマーで蒸らし時間をきっちり計ること。

3

ティーポット①をキッチンスケールに乗せ、茶葉を計量する。

4

沸騰したての湯を、勢いよくティーポット①に注ぐ。

5

ポットにふたをして、タイマーをセットする。

※蒸らし時間は、茶葉の大きなものは3分、細かいものは2分半が目安。

6

湯を捨てたティーポット②に、紅茶を手早く移し、最後の1滴までティーカップに注ぐ。

※注ぐときにティーポット①をふったり、茶葉を絞ったりしないこと。

おいしい紅茶は「ジャンピング」がカギ！

「ジャンピング」とは、ティーポットに湯を注いだときに起こる茶葉の上下運動のことで、おいしい紅茶の成分が抽出されている証拠。ポット内をよく見ると、茶葉に小さな空気の粒がついているのがわかります。

湯の温度が低かったり、湯の中の酸素が少なかったり、湯を注ぐ勢いが足りないと、ジャンピングが起きません。大事なポイントをきちんと押さえて、おいしい紅茶を淹れましょう。

How to make Royal Milk Tea

ロイヤルミルクティーの淹れ方

当店のお客様に大人気のメニュー、
ロイヤルミルクティーです。
お店では、オーダーごとに鍋で作っていると
間に合わないため、
電子レンジを使用しています。
今回は鍋を使った一般的な作り方と、
電子レンジを使った作り方をご紹介します。

ロイヤルミルクティー【なべ編】

材料（2人分）

好みの茶葉 ……… 8g
水 ……… 170ml
牛乳 ……… 170ml

1 茶葉を湯（分量外）に浸して、ラップをして蒸らしておく。

2 小鍋に水を入れて火にかける。

3 湯が沸騰したら、牛乳を加え、表面に小さな泡がふつふつ出てきたら火を止める。
※沸騰させないこと。温度の目安は約80℃。

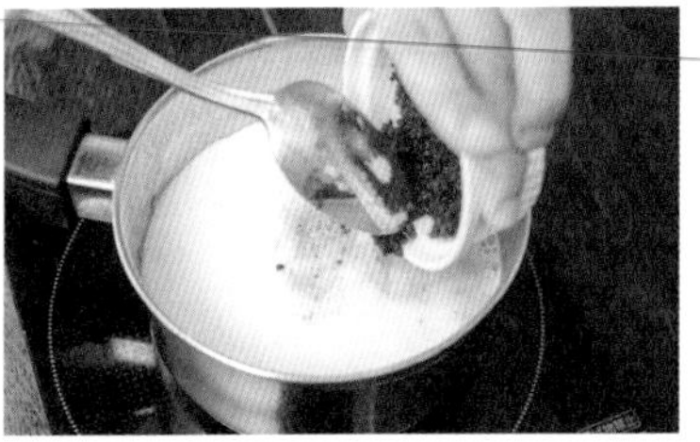

4 浸しておいた茶葉を茶液ごと加え、軽くかき混ぜる。

5 大きい茶葉は4分、小さい茶葉は3分半、小鍋にふたをして蒸らした後、茶こしで濾しながら、最後の一滴までティーポットに注ぐ。

ロイヤルミルクティー【電子レンジ編】

材料（2人分）

好みの茶葉 ……… 8g
熱湯 ……… 170ml
牛乳 ……… 170ml

1 温めたポットに茶葉を入れ、熱湯を注いで蒸らしておく（大きい茶葉は4分、小さい茶葉は3分半）。

2 別のポットに牛乳を入れ、600wのレンジで1分40秒温める。

3 2に1を、最後の一滴まで注ぐ。

Point

ロイヤルミルクティーには、
コクがあって水色が濃く、
ミルクに負けない濃厚な仕上がりになるケニア山の紅茶、
アッサムCTC
（茶葉を細かくして丸め、
小さなボール状に形成する製茶法。
濃い紅茶が抽出される）や
キャンディ
（クセがなく、あっさりとした仕上がり）、
ルフナなどの
茶葉がおすすめ。

Point

店では、
低温殺菌牛乳を
使用。
牛乳特有のにおいが
出にくく、
紅茶の香りが
楽しめます。

Point

ロイヤルミルクティーは、
紅茶が濃いほうが
おいしいので、
茶葉は多めに使用し、
蒸らし時間も
1分〜1分半長くする。

Point

グラニュー糖や
ハチミツなどの甘味を加えると、
紅茶の渋みにコクが加わり
ぐっとおいしくなる。

※砂糖を加える場合は、上白糖や、人工甘味料は甘味が強いため、クセのないグラニュー糖がおすすめ。

Point

牛乳は沸騰させると
タンパク質が変質して
においが出てしまうため、
鍋、電子レンジともに
沸騰寸前で止める。

How to make Iced Tea

おいしい
アイスティーの
淹れ方

ベリーズティールームでは、
常時約20種類の茶葉をご用意して、
そのすべてをアイスティーにしています。
アイスティーを事前に作り置くことはせず、
熱湯から紅茶を淹れて急冷させる
「オンザロックス式」で作っています。

材料（2人分）

茶葉 ……… 6g

熱湯 ……… 170ml

1

あらかじめ温めておいたティーポット（P.112「おいしい紅茶の淹れかた参照」）に、茶葉を入れる。

2

汲みたての新鮮な水道水を沸かし、熱湯を勢いよくティーポットに注ぎ、大きい茶葉は3分、小さい茶葉は2分半蒸らす。

3

大きめのグラス、または別のポットに氷をたっぷりと入れて、氷に紅茶があたるように注ぐ。

Point

茶葉の成分とタンニンと
カフェインが冷えて結合すると、
アイスティーのにごりの原因となる
「クリームダウン
（凝固して白濁する現象）」が起こる。
クリームダウンを防ぐには、
タンニン含有量の少ない茶葉を選び、
にごりやすい成分が凝縮している、
最後の1滴まで
注ぎきらないようにする。

アイスティーに
おすすめの茶葉は？

ダージリン、ニルギリ、ヌワラエリア、キャンディなどの茶葉や、キームンなどの中国種系茶葉を選んでください。

4

手早くかき混ぜ、紅茶を急冷する。

※ 最後の1滴は、にごりの原因になるため、注ぎきらないこと。

Point

クリームダウン
してしまったら、
少量のお湯を注ぐと
にごりが軽減する。

How to make Arranged Iced Tea

アレンジ・アイスティーの作り方

ベリーズティールームではアイスティーをアレンジして、アフタヌーンティーのウェルカムティーとしてお出ししています。作り方はとても簡単なので、ぜひお試しください。

[ローズティーソーダ]

作り方

1 温めたポットにローズティーのティーバッグ2個を入れ、熱湯を入れて2分半蒸らす。

2 ティーバッグを取り出し、砂糖を加えて溶かし、冷ましておく。

3 グラスに注ぎ、同量〜2倍量の炭酸水で割る。

材料（2人分）

ローズティーの
ティーバッグ
……… 2個
（または茶葉4g）
熱湯 ……… 100ml
砂糖 ……… 30g
炭酸水 ……… 適量

[ベリーティーソーダ]

作り方

1 温めたポットにティーバッグ2個を入れ、熱湯を入れて3分蒸らす。

2 ティーバッグを取り出し、砂糖を加えて溶かし、冷ましておく。

3 グラスに氷を入れ、2を入れてから炭酸水を注ぐ。炭酸水の配合はお好みで。

※ あれば、冷凍ベリーミックスを入れる。

材料（2人分）

ベリーズベリーティー
（P.121参照）
ティーバッグ
……… 2個
（または茶葉4g）
熱湯 ……… 100ml
砂糖 ……… 30g
炭酸水 ……… 適量

[オレンジティー]

作り方

1 温めたポットに茶葉と熱湯を入れ、2分半蒸らす。

2 グラニュー糖を入れた別のポットに1を注ぎ、スプーン等で混ぜて溶かしたら、氷を4～5個加え冷やす。

3 2にオレンジジュースを加え、よく混ぜる。

4 オレンジスライスをグラスに入れ、3を注ぐ。あればミントを浮かべる。

材料（2人分）

茶葉(キャンディ) ……… 6g
熱湯 ……… 200ml
グラニュー糖 ……… 20g
オレンジジュース ……… 100ml
オレンジスライス（飾り用）

※ オレンジジュースは果汁100%のものを使用する。香料不使用のものがおすすめ。

[マスカットティー]

作り方

1 温めたポットに茶葉と熱湯を入れ、2分半蒸らす。

2 グラニュー糖を入れた別のポットに1を注ぎ、スプーン等で混ぜて溶かしたら、氷を4～5個加え冷やす。

3 2に白ブドウジュースを加え、よく混ぜる。

4 マスカットを半分にカットしてグラスに入れ、3を注ぐ。

材料（2人分）

茶葉(ニルギリ) ……… 6g
熱湯 ……… 200ml
グラニュー糖 ……… 15g
白ブドウジュース ……… 100ml（市販品）
マスカット(飾り用) ……… 適量

[ティーソーダ]

作り方

1 温めたポットに茶葉と、熱湯を入れ、2分半蒸らす。

2 別のポットに砂糖を入れ、1を淹れて、かき混ぜ、砂糖を溶かして、ティーシロップを作り、冷ましておく。

3 グラスに氷を入れ、2を70ml注ぎ、炭酸水30mlを上からそっと注いで2層にする。

※ 炭酸水との割合は好みで調整しても。

材料
（ティーシロップ）

茶葉(ダージリンセカンドフラッシュ) ……… 6g
お湯 ……… 200ml
砂糖 ……… 30g

炭酸水 ……… 30ml

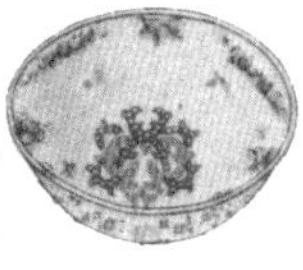

Berry's Tea Room Recommended Tea

ベリーズティールームのおすすめ紅茶

ベリーズティールームでは、オリジナル・ブレンド、スリランカ産、中国産、フレーバーティー、ノンカフェインのハーブティーなど、約20種類のお茶をいつもご用意しています。その中からオリジナル・ブレンドの紅茶や、お気に入りの紅茶、お店で人気の紅茶をご紹介します。

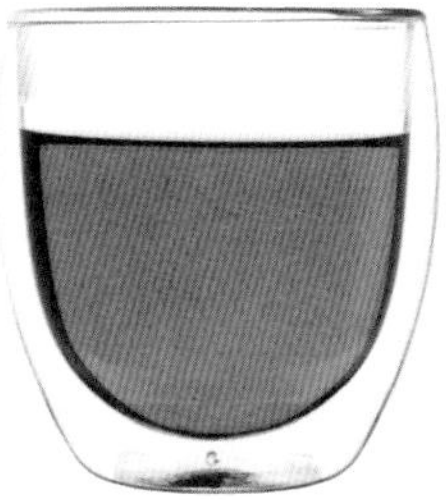

オリジナル紅茶

「浜田山」

当店の一番人気のオリジナル・ブレンドティーです。スリランカ産紅茶（キャンディ、ルフナ、ウバ）の3種類をブレンド。キャンディの飲みやすさ、ウバの渋みと香り、ルフナのコクをバランスよく味わえるようにブレンドしました。毎日飲んでも飽きのこない、飲みやすい仕上がりです。

最初は店内でブレンドしていましたが、製造が追いつかなくなり、現在では原料仕入れ先に製造委託しています。

パッケージは、オープン当初の浜田山駅周辺の様子を、友人にデザインしてもらいました。

ストレート、ミルクティー、どちらもおすすめです。

茶葉の大きさ	細かい
水色	濃い褐色
淹れるときの蒸らし時間	2分半
おすすめの飲み方	ストレート、ミルクティー、アイスティー

「ベリーズベリー」

当店の人気フレーバーティーです。上質な茶葉に、最高級のストロベリー香料や、ドライストロベリーやハーブなどを配合した、見た目もかわいらしい紅茶。紅茶の世界への入り口としておすすめしています。

茶葉の大きさ	大きい
水色	透明感のある オレンジ色
淹れるときの 蒸らし時間	3分
おすすめの 飲み方	ストレート、アイスティー

茶葉の大きさ	細かい
水色	濃い赤褐色
淹れるときの 蒸らし時間	2分半
おすすめの 飲み方	ストレート、ミルクティー、 アイスティー

「貴婦人」

「浜田山」と同じく、人気のオリジナル・ブレンドティーです。インド産紅茶（アッサム、ニルギリ、ダージリン）の3種類をブレンド。アッサムのコク、ニルギリのさっぱりとした味わい、ダージリンの渋みと香りをバランスよくブレンドしました。「浜田山」とのブレンドの違い（スリランカ産ブレンド、インド産ブレンド）も楽しめるよう、レシピを作りました。香り高く、すっきりとした味わいのため「貴婦人」と名付けました。

［ クリスマスティーのブレンド ］

材料（作りやすい分量）

アッサムCTC …… 60g
クラシックローズティー …… 40g
シナモン（ホール） …… 10g
カルダモン（ホール） …… 10g
クローブ …… 1g
ピンクペッパー …… 1g
アラザン …… 適量

作り方

1 アッサムとクラシックローズティーの茶葉2種類を混ぜあわせておく。

2 シナモン、カルダモンを袋に入れ、麺棒などで叩いて、砕く。

※ シナモンは、カルダモンくらいのサイズにまで砕くこと。
※ カルダモンは、傷をつけると香りが出やすいので、叩いて傷をつけておく。

3 2とその他のスパイスを茶葉に加え、全体を混ぜる。

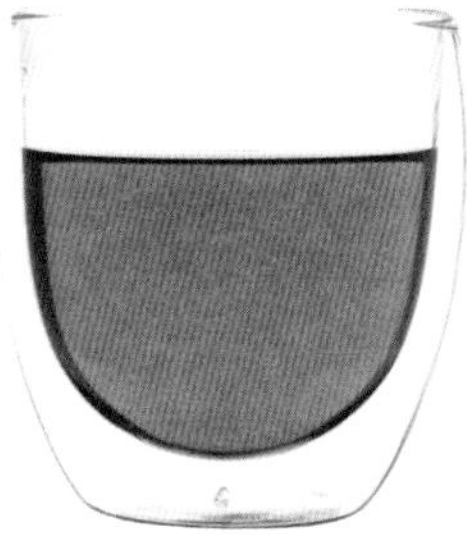

茶葉の大きさ	細かい
水色	濁りのある濃い褐色
淹れるときの蒸らし時間	2分半
おすすめの飲み方	ストレート、ミルクティー

「クリスマスティー」

毎年11月に店内にて、スパイスを砕くところから作るオリジナル・スパイスティーです。ミルクティーに合うアッサムをベースにしていますが、カルダモンをたっぷり配合しているため、すっきりと香り高く、ストレートでもおいしく飲むことができます。毎年楽しみにしてくださっているお客様も多い、冬の風物詩です。

ブレンドティーを作るときのポイント

ブレンドティーを作る場合は、味のベースとなるメインの紅茶を5割以上配合するのがおすすめです。たとえば、当店の人気ブレンドティー「浜田山」は、スリランカ紅茶3種類をブレンドしていますが、渋みや香りがおだやかで、コクが少ない「キャンディ」を6割のベースに、渋みが強く香り高い「ウバ」と香りや渋みは少ないがコクがある「ルフナ」を配合しています。クリスマスティーでは、濃い紅茶が抽出されるアッサムCTCをベースにしています。ブレンドティーは、それぞれの茶葉の特徴（香り、渋み、コク）を理解し、長所を引き出し、不足しているものを補う配合にしていきます

【和田さんよりひとこと】

お店ではクリスマスの時期「クラシックローズティー」という、当店オリジナルで、アッサムをベースに、ローズペタルを配合した紅茶をお出ししています。ベースになる紅茶を、アッサムCTCを全量にして、ローズペタル（1~2g）を配合して作ることができます。作ってから1ヵ月ほど寝かすと、茶葉とスパイスが馴染んでおいしくなります。

その他のおすすめ紅茶

「ヒマラヤン オータムナル」
(ネパール産紅茶)

インドとの国境に近いヒマラヤ山脈のふもとに位置するネパール。インドのダージリン地方に隣接しているため、華やかな香り、清涼感のあるすっきりとした味わいは、ダージリンに似ています。ダージリンと同じく3シーズンの旬があり、なかでも秋のオータムナルは春・夏の茶葉より熟成、まろやかな味わいが特徴です。

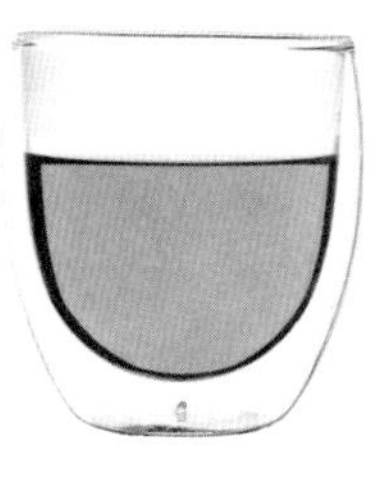

茶葉の大きさ	大きい
水色	透明感のある 淡いオレンジ色
淹れるときの 蒸らし時間	4分
おすすめの 飲み方	ストレート、ミルクティー、 アイスティー

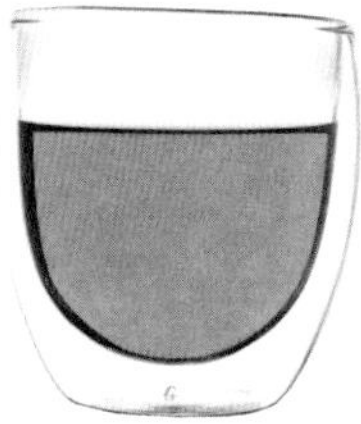

茶葉の大きさ	大きい
水色	透明感のある 明るいオレンジ色
淹れるときの 蒸らし時間	3分
おすすめの 飲み方	ストレート、アイスティー

「ダージリン セカンドフラッシュ」
(インド産紅茶)

インドの高地、ダージリン地方で育った紅茶です。春・夏・秋の3シーズンの旬があり、なかでも夏摘み(セカンドフラッシュ)は、7～9月に収穫された茶葉で、「紅茶のシャンパン」と称されるほど。
マスカテルフレーバーと呼ばれる、甘くフルーティな香気と、きりりとした渋みは、他の紅茶にはない特徴です。生産量がとても少ないため、紅茶専門店でしか味わえません。

「ラプサンスーチョン」
(中国産紅茶)

松の木を燃料にして茶葉を乾燥させているため、燻されたようなスモーキーな香りが特徴のフレーバーティーです。お茶のルーツである中国の紅茶であるため、ヨーロッパなどで重用されています。独特な香りがする、個性の強い紅茶です。

茶葉の大きさ	大きい
水色	淡い赤橙色
淹れるときの蒸らし時間	3分
おすすめの飲み方	ストレート

茶葉の大きさ	細かい
水色	黒ずんだ濃い褐色
淹れるときの蒸らし時間	3分
おすすめの飲み方	ミルクティー

「ルフナ」
(スリランカ産紅茶)

スリランカの低産地の紅茶です。濃厚な味わい、ほんのり感じられる甘み、ややスモーキーな香りが特徴。茶液は濃く、やや黒っぽく、どっしりとしたミルクティーが好きな方におすすめ。当店のルフナを使ったロイヤルミルクティーは多くのファンがいる人気者。ぜひ試していただきたい紅茶メニューです。

Berry's Tea Room Favorite Tableware

ベリーズティールームのお気に入りテーブルウェア

Text by *Yumi Koseki*

イギリスのテーブルウェアについて

ベリーズティールームで使われている食器は、イギリス製のアンティーク&ヴィンテージです。イギリスに昔からあるティールームでは、こうした趣のある食器を使ってサーブしてくれるところが多く、のんびり、ほっこりとした気分にさせてくれます。ロンドンでオープンする最近のティールームでも、こうしたアンティークやヴィンテージのテーブルウェアを使うお店が増えてきました。

ちなみにイギリスでは、１００年以上時が経たものをアンティークと呼び、それ以下のものをヴィンテージといいます。そのなかでもアールデコ様式のように、希少価値や芸術性価値が認められたものは、１００年を待たずしてアンティークに格上げされる場合もあります。

ベリーズティールームの食器は、すべて和田さんのお気に入りばかり。なかでもお店の顔ともいえるのがロイヤル・アルバート社製の「オールド・カントリーローズ」。イギリスの国花、ピンクの濃いバラ柄がオールドファッションなイギリスのティールームをイメージさせる食器です。

同じくロイヤル・アルバート社製の「モス・ローズ」は、淡いピンクのバラが可憐なイメー

ロイヤル・アルバート

オールド・カントリーローズ

ベリーズティールームの象徴ともいえるティーウエア。イギリスのオールドファッション・スタイルのティールームでもよく登場します。

モス・ローズ

ピンクの小バラがかわいいモス・ローズは、和田真弓さんのコレクション。

ジのテーブルウェアです。オールド・カントリーローズと同じく、ロイヤル・アルバートの独特な「モントローズ・シェイプ」が特徴です。

そして現在、世界中で大人気の陶器「バーレイ」。お店では使っていらっしゃらないそうですが、ご自宅では愛用して、コレクションもなさっているそうなので、今回登場してもらいました。

またブルー&ホワイトと呼ばれる、藍染を思わせる特徴のテーブルウェアは、スポード社製のもの。イギリスのティールームやB&B（ベッド&ブレックファストの略。朝食を提供してくれる民宿）ではとてもポピュラーな存在で、紅茶の水色、とくにミルクティーの色が映えると、イギリスの地方の家庭でもよく見かけます。最近、私もとても気に入っていて、イギリスに行くたびに買い付けてきます。今回はスポード・コレクターの葛西知子さんにスタイリングをお願いしたので、彼女の貴重なコレクションをお借りして撮影しました。

バーレイ

バーレイの「ピンクアジアティックフェザンツ」のプレートを使用したスリーティアーズ。

スポード

「ウィンターズイブ」という、特別な絵柄。

めずらしいピアースド（透かし）が入った、大皿のプレート「クリスマスツリー」。

「クリスマスツリー」のスリーティアスタンド。

和田さんと同じく私もイギリスの食器が大好きなので、ベリーズティールームを訪れると、居心地がよくほっとします。どうしてこんなにイギリスの食器が好きなんだろうと考えてみると、それは「温かさ」かもしれません。最先端のスタイリッシュなデザインとはいえませんし、むしろ野暮ったいくらいのシェイプやデザインです。けれどそこにほっとするような、おだやかな気分にさせてくれるような気安さを感じます。

イギリスで暮らしたときに、意外にもおしゃれな人は少数で、穴の開いたセーターや時代遅れともいえる服装をしている人がたくさんいました。それがなんとも私には心地よく、外国で初めて暮らす私にはなじみやすかった気がします。

古い食器は機能的ではないものもあり、使いづらいものもあります。それがまた味というか、風合いを感じさせてくれます。お茶は「ティータイム」という言葉があるように、わざわざお茶のために時間を作って、のんびりいただくもの。そういったひとときに、ベリーズティールームのティーウェアたちは心なごませてくれます。

こうしたイギリスの食器たちのふるさとは、イギリス中部のエリア、スタッフォード・シャーのストーク・オン・トレントです。イギリスを代表する食器ブランド「ウェッジウッド」の発祥の地も近く、ストーク・オン・トレント駅前には、ウェッジウッドさんの銅像がたたずんでいます。19世紀にこの地方で、ロイヤル・アルバートや、スポード、バーレイ、ウェッジウッド、ロイヤル・ドルトンなどがさかんに作られました。現在では工場が移転したり、ブランドが消滅してしまったものもありますが、イギリスの食器に魅せられたなら、ぜひこの聖地を訪れることをおすすめします。現地にある陶磁器の博物館やファクトリーショップなどもおすすめです。

おすすめのイギリス・テーブルウェア

ロイヤル・アルバート「オールド・カントリーローズ」

ロイヤル・アルバート社は、1896年にストーク・オン・トレントにて創業。翌年にヴィクトリア女王即位60周年の記念品を依頼され、1904年に英国王室御用達となり、「ロイヤル」の称号を得ました。

1962年に発表した「オールド・カントリーローズ」は、ロイヤル・アルバートを代表するシリーズで、世界最大の生産数となりました。カップの縁を彩る金彩は、ぼかしが入った独特の製法となっています。

ソーサーとケーキプレートが合体した「スナックセット（別名テニスセット）」は、ウィンブルドン選手権など屋外でのイベント時に、カップとプレートを持つことができるデザインになっています。生産量が少ないため、コレクターズ・アイテムとなっています。

ロイヤル・アルバート

（上）「オールドカントリーローズ」のスリーティアーズ。（中）「スナックセット」は、ソーサーとケーキプレートが一体となっている。（下）ミルクティーが美しく映える、カップ＆ソーサーと一人用のポット。

ロイヤル・アルバート「モス・ローズ」

小さなピンクのバラ柄のかわいさで、ひそかに人気のあるシリーズです。「オールド・カントリーローズ」と同じく「モントローズ・シェイプ」と呼ばれるシェイプは、ロイヤル・アルバート独特の紅茶をもっともおいしく飲むための究極の形といわれています。ティーカップの上部が広がっている部分では、紅茶を早く冷まして飲みやすい温度にして、下部へ広がる丸い部分で、紅茶の温度と旨味を保つデザインとなっています。

バーレイ

1851年にストーク・オン・トレントにて創業したバーレイは、銅板に手彫りで絵を刻んでインクを乗せ、薄紙にプリントしたものを陶器に貼って焼き付ける「銅板転写」の製法を今も続けている唯一のブランドです。

1889年から現在の工場で操業しており、2011年には重要文化財建築物に指定され、当時皇太子だったチャールズの慈善事業財団によって修繕されました。

バーレイ

(右)もっとも代表的な柄「ピンクアジアティックフェザンツ」。(下)桜の一種をデザインした柄「ブルーキャリコ」。

代表的な柄は、コウライキジと牡丹が描かれた「アジアティックフェザンツ」というシリーズ。そのほかにもカラフルな桜模様の「キャリコ」シリーズ、小花模様の「フェリシティ」シリーズ、2014年に復刻したデザインで、クジャクを描いた「リーガルピーコック」など、多彩な柄があり、いずれも人気を呼んでいます。

スポード

1770年、ストーク・オン・トレントにてジョサイア・スポード1世が創業。銅板転写技術を開発し、それによって絵付けのクオリティが向上、繊細な絵柄の陶磁器を作ることができるようになりました。またスポード2世が牛の骨灰を粘土に混ぜることによって、中国の白磁のような透光性のあるファイン・ボーンチャイナを完成させました。

1816年に発表された「ブルーイタリアン」という柄は、縁かざりが中国磁器からデ

スポード

(上)ブルーイタリアンのティーセット。
(下) IMPERIAL COOK WAREというシリーズのベーキングウェア。1970年以降コープランドからスポードへ社名が変わってから、いろいろなアイテムが作られた。

ザインを模したもの、中央の絵は古代のイタリアの架空の村を描いたという、ヨーロッパと東洋が融合したデザイン。当時流行していた「シノワズリ」（東洋趣味）とあいまって、大人気となりました。現在でもスポードの一番人気のシリーズです。

エインズレイ

（上）（中）エインズレイを代表する絵柄「ペンブロック」は、18世紀にウエールズのペンブロックシャーを訪れたデザイナーが、日本の伊万里をイメージしたもの。（下）湖水地方やコッツウォルズの家をイメージして作られたティーポット。

エインズレイ

1775年、ストーク・オン・トレントにてジョン・エインズレイが創業。2代目がティーセットに着目、3代目がスポードのファインボーンチャイナの成功を聞きつけ、その技術を取り入れました。透かし模様と金彩をほどこした豪華なテーブルウェアとして

Berry's Tea Room
Favorite Tableware

有名です。
　１８９７年のヴィクトリア女王の在位60周年記念では、女王の肖像画を描いたカップ＆ソーサーを製作、１９４７年のエリザベス王妃とフィリップ王子とのご成婚時には、正餐にエインズレイの食器一式が使用されました。今でも多くのイギリス王族、貴族に愛されているブランドです。

コメモラティブのガラス食器

コメモラティブとは「記念品」という意味。戴冠式を見学するためにロンドンにやって来た観光客用のおみやげ品が、現在ではアンティークになったものです。「プレスドグラス」という溶けたガラスを型に流し込んで成型する製法で作られており、模様が繊細なものがアンティークとしては価値が高くなります。
　コメモラティブとしてはガラス製の平皿が一般的ですが、ボウルのような型や取っ手がついたものは残されているものが少なく、コレクターズ・アイテムと呼ばれているレアな逸品です。

コメモラティブガラス

（上）ジョージ6世のハンドル付ボウル。（下）エリザベス2世の戴冠記念のボウル。いずれもめずらしい貴重な品。

ベリーズティールーム・ストーリー2

【経営改善編】

オープンから試練の開業1年

Text by *Mayumi Wada*

廃業率について

飲食店は、継続が大変です。飲食店の1年以内の廃業率は約35％。2年以内になると約50％に上ります。10年以内だと約90％以上。飲食店は参入障壁が低く、難しい資格は不要なので、開店資金さえ用意できれば参入できるからです。

しかし、実店舗を構えるには、改装費・設備費・物件取得費等と初期投資が必要で、さらに毎月の家賃、借入金の返済、人件費が重くのしかかってきます。オープンしても最初の1ヵ月は「ご祝儀来店」がありますが、やがて客足は落ちます。個人店の場合、一等地への出店は難しいので立地的に不利な場合が多く、また、限られた開業資金の中では、広告宣伝費もままなりません。自己資金が潤沢、所有物件のため家賃が不要、という環境下でない限り、当初の予想売上には及ばず、毎月の家賃、材料費、雑費の支払いや返済に追われ、やがて運転資金がショートしてしまいます。あるいは、飲食店は拘束時間が長く、長時間に及ぶ重労働で体調を崩し、夢いっぱいで始めたお店を、閉店せざるを得ない状況に追い込まれてしまうのです。

オープン直後の落とし穴

「20代でティールームを開く」という目標達成の高揚感でいっぱいになり、私は落とし穴にはまっていました。それは「オープンすること」が目標になってしまっていた、ということ。でも、お店は、オープンしてから、毎日続いていきます。オープン（開業）はゴールではなく、スタート。今思えば、当たり前のことですが、その時は気付きませんでした。まだ慣れない日々のルーティン（開店準備、営業、片付け）を1人でこなすのに、手一杯になってしまうのです。厳しい試練が続きました。

オープン当初は、「ご祝儀来店」で賑わいましたが、1ヵ月も経たないうちに、お店には閑古鳥が。毎日ガランとした店内で、ぼんやり窓の外を眺めていました。毎日作ったケーキが、ひとつも出ずにそのまま残ってしまうことも。

お店があるのは、人通りの少ない裏通り。知られるのに時間がかかることは想定内ですが、不安が広がっていきます。それでも、オープンから3～4ヵ月経ち、お客様は少しずつ増えていきました。「このままいけば、きっと大丈夫」と、ホッとしたのもつかの間。梅雨入りした途端、お客様は再び激減。1日で、お客様が1人だけ、という日も。

運転資金（開業後に必要な資金）は、半年くらい赤字続きでも大丈夫な程度用意していましたが、予想をはるかに上回る赤字をたたき出したのです。

運転資金がショート！　廃業危機!?

赤字が続き、資金はショート寸前。半月分くらいの売上で、ようやくお店の家賃が払える程度でした。家賃の他に、開業資金の借入の返済もあります。開業前に備品を購入した、クレジットカードのリボ払いの金額も少なくありません。

毎日、重い足取りで銀行に行き、雀の涙ほどの売上を入金しては、支払いに充てる自転車操業状態。そしてとうとう、「クレジットカードの引き落としができなかっ

た」という通知が届きました。日本政策金融公庫だけでなく、親にも開業資金を借りていたので、これ以上借入を増やすことは考えておらず、夫とは「資金がまわらなくなったら、お店をやめる」と約束していました。窮状を抜け出すには、売上を上げる以外に方法はありません。でも、その「売上を上げる方法」がわからないのです。せいぜい、お店のチラシを近所に配る、看板を変える程度で、どうすればお客様に来ていただけるのか、考えても思いつかず、何も行動を起こせません。

「好きなことを仕事にする!」と、会社を辞めて、夢いっぱいで始めたお店なのに、現実はこの有様。惨めでした。目に映るすべてが灰色に見えました。次第に「閉店」の文字が、脳裏に浮かびます。

売り上げアップへ!　葛藤と決断

そんな時、お世話になっている紅茶の師匠、Cha Tea紅茶教室の立川碧先生にお会いしました。立川先生は教室の他、外部レッスンや執筆活動もされ、戦略的な教室運営に成功している、経営者の先輩です。先生は、オープン準備中から応援してくれて、お忙しい合間に時間を作り、私の相談に乗ってくださったのです。

オープンしてすぐ来店されていたので、その時受けた印象、改善点は何か、鋭い視点で、的確な指摘、助言をいただきました。「オーナーの好みを、もっと全面に出した方がいい」、「ティーカップだけでなく、ケーキ皿にもこだわりを」、「商品棚が控えめすぎる」等々、自分では気付けなかったことばかり。何とありがたいことでしょう。

助言を噛みしめながら、お店の改革に取り組み始めました。資金の余裕はなかったので、手持ちのアイテムで何とかするしかありません。自宅から、テーブルクロ

ス、キャビネット、ティー関連雑貨などを持ち込みました。こうして、当初は控えめだったお店のインテリアは、一気に装飾品が増え、私の趣味全開ワールドに！

立川先生から「英国菓子専門にしたら？」という助言もありました。それまでは、紅茶専門店で「紅茶が主役、お菓子は脇役」という位置付けだったので、レシピ開発に苦戦したスコーンの他には、シフォンケーキ、ガトーショコラ等、特にこだわりなく、紅茶に合うお菓子を提供していました。「英国菓子専門」とは、正直戸惑いました。私が製菓学校で習ったのは、フランス菓子。それに比べ、英国菓子は、見た目の華やかさがなく、認知度も低い。この頃、「英国（イギリス）菓子」と検索しても、ヒットするお店は、都内でも片手で数えられるくらいでした。お客様に受けるかしら？　しかし、何も手を打たなければ、このまま成す術もなく、お店は消えて無くなるでしょう。決断するのに、時間はかかりませんでした。よし、英国菓子専門店にしよう！

成功に必要なのは、たったひとつの○○

ちょうどこの頃、私には、出会ったばかりの友人がいました。やがてお店の商品のイラストを手がけてくれる、デザイナー「ＳＡＹＡ」です。「開業塾」で知り合った起業仲間から私の話を聞き、お店に来てくれたのです。起業セミナーのご縁が繋がっていました。

ＳＡＹＡにも、「いずれカフェを経営したい」という目標があり、「無給でいいので、勉強のために、手伝わせてほしい」と、週1ペースで、お店に手伝いに来てくれていました。そこで、「英国菓子専門店にしようと思う」と打ち明けました。実は、ＳＡＹＡは、数ヵ月前に、イギリス留学から帰国したばかりだったのです。現地であれこれ食べ歩いていたので、タイムリーな情報を持ち、英国菓子についての知識が豊富でした。本場の英国菓子や、ティールームの写真もたくさん見せてもらい、現地で購入した英国菓子のレシピ本も、何冊も貸してくれました。

そんなＳＡＹＡの強力バックアップのもと、「英国菓子専門店」にすべく準備開始です。夏はレシピ開発と試作に打ち込むことにしました。

２ヵ月後、暑さが少し落ち着く２０１３年９月から「英国菓子メニュー」を始めることに決定。また、この頃、同じＣｈａ Ｔｅａ紅茶教室出身の経営コンサルタントで、

アフタヌーンティー情報サイト「Tea Magazine」も運営されているゆかりーぬさんからも、「たったひとつ、目玉商品があればいい」と、アドバイスをいただいていました。

　どんな英国菓子が受け入れられるのか。どんなメニュー構成にするのか、「目玉商品」は何にするのか。課題はたくさんありますが、もう、失敗は許されません。うまくいけば、廃業危機から脱出できます。目玉商品を考えること、それが成功への唯一の秘策だと思いました。

コンセプト刷新、再スタートへ

「目玉商品」の候補として挙がったのが「クランペット」でした。クランペットとは、発酵させた生地を、鉄板に流して焼く、パンとパンケーキの中間のような英国菓子。イギリスでは古くから親しまれているお菓子ですが、日本で扱っているお店はそうありません。試作してみて、あまりのおいしさに自分でビックリ！　見た目からは想像がつかない「もちもち食感」で、甘味がなく、塩味が効いているので、食事系、スイーツ系、どちらのトッピングにも合います。日本では珍しいので、きっと、目を引くことでしょう。

　こうして、クランペットを目玉商品に据えることを決め、夏の間、試作を繰り返し、メニューを一新。その他にも「月替わりのイギリス菓子」をメニューに加えました。メニューは大まかに3つ、「クランペット」、「スコーン」、「月替わりイギリス菓子」です。クランペットのトッピングは、食事系、スイーツ系から選べるようにしました。

２０１３年9月1日、「本格紅茶とイギリス菓子専門店」とコンセプトを改め、再スタートしました。クランペットには自信がありましたが、お客様に受け入れられるのか、また、メニューが変わったことで、常連さんがガッカリしないだろうか、もしくは、お客様が来ないままだったらどうしよう……、不安でいっぱいでした。

しかし、ありがたいことにお客様は続々といらっしゃいました。次々とクランペット、イギリス菓子の注文が入ります。クランペットを召し上がっているお客様に「クランペット、いかがでしたか?」と、勇気を出してお聞きしたら、「初めて食べたけど、おいしかった!」、「もちもち感がクセになりそう!」など、嬉しいお言葉をいただきました。絶望の暗闇に、一筋の光が射した瞬間でした。

口コミはどうして起きる?

お店のコンセプトを改め、「クランペット」を目玉商品に据えたら、お客様はどんどん増えていきました。週末は、1人でお店を切り盛りするのでは間に合わなくなり、取り急ぎ母や妹、友人に助っ人を頼み、その後、週末アルバイトを募集するほど。

飲食店の口コミサイトに、初めてのお客様の書き込みがあったのも、クランペットを開始してからです。その後、いらっしゃるお客様で、「口コミサイトを見て、クランペットを食べに来ました」という方が多く、また、ＳＮＳで知り、来店する方も増えていきました。

痛感したのは「他にはないメニューがあること」の強みと、「ここでしか味わえない」を体験すると、人に話したくなるということ。口コミは、偶然起きるものではありません。口コミしたくなる要素を、お店側が作り出さなければいけなかったのです。来店してくださった方が、「クランペット」を、ブログやＳＮＳで広めてくださり、売上が徐々に上がっていきました。廃業寸前だったお店は、ギリギリのところで盛り返したのです。

テレビ取材

再スタート後、友人の紹介で知り合った方が、中小企業の広報担当者向けの勉強会を主催しており、私も参加させていただくことになりました。お店を知ってもらうためには、何が必要か。どうすれば口コミが起こるのか。クランペットを取り扱うまでは、そんなことを考えたこともなかった自分を猛省し、「お店の宣伝・広報について、もっと知らなければ」と思ったのです。お店をやっている以上、宣伝・広報も重要な仕事だということに、手遅れになる前に気付けたのは、幸運でした。

広報の勉強会に出席させていただいたご縁で、テレビ局のディレクターさんと知り合い、「クランペット」のお話をすると、テレビ取材の依頼をいただきました。ご縁はご縁を呼び、繋がっていくものなのですね。取材は2013年12月26日、店内のクリスマスの飾りが外れた日に、撮影隊が来ました。全国放送の夕方のニュース番組です。年末の取材で、放送は年明け中旬。やはりテレビ効果は絶大。1月はテレビを見たお客様がたくさんお越しくださいました。

そして、まだまだテレビの熱が冷めやらぬ中、開店1周年を迎えることができたのです。「テレビ効果は一過性」と聞いていたので、2月以降は売上が落ち込むかなと思っていたのですが、1月放映後、2～5月まで緩やかな右肩上がりで、売上は上がっていき、何とか軌道修正できたのです。

Popular Sweets of Berry's TeaRoom

第3章

ベリーズティールーム 人気のお菓子

Kumquat Poppy Seed Cakes

キンカンポピーシードケーキ

キンカンのさわやかな柑橘と、
ポピーシードのプチプチ感がたまらない、
アップサイドダウンケーキの一種です。
ベリーズティールームでも人気のお菓子ですが、
季節限定なので見かけたらぜひ！

紅茶とのペアリング

ニルギリは、さっぱりとした口当たりのストレート向きの紅茶で、柑橘系のお菓子によくあいます。

材料（15cm ケーキ丸型　1台分）

キンカンのシロップ煮 ……… 右レシピの全量
無塩バター ……… 100g
微粒子グラニュー糖 ……… 100g
卵 ……… 2個(100g)
薄力粉 ……… 100g
ベーキングパウダー ……… 4g
ブルーポピーシード ……… 10g
シロップ ……… 20g
　※キンカンを煮た時の煮汁

下準備

- バターは指がすっと入るくらいの柔らかさに戻しておく。
- 型にオーブンシートを敷き、キンカンのシロップ煮を敷きつめる。
- オーブンを160℃に予熱しておく。
- ブルーポピーシードを、160℃（または弱）のオーブントースターで5分程焼き、冷ましておく。

作り方

1 ボウルに、バター、グラニュー糖を入れ、ハンドミキサーでクリーム状になるまで混ぜる。

2 1に溶きほぐした卵を3回に分けて加え、その都度しっかり混ぜる。

3 薄力粉、ベーキングパウダーを2にふるい入れ、ゴムベラに持ちかえてさっくりと混ぜる。

4 粉けが無くなったら、シロップ、ブルーポピーシードを加え、生地につやが出るまでしっかり混ぜる。

5 型に4を入れ、160℃のオーブンで約45分焼く。

6 焼き上がったら網にとり、5分たったら、ひっくり返して型をはずす。

※焼き上がってすぐに返すとケーキが崩れるため、5分置くこと。キンカンに限らずアップサイドダウンケーキは、焼き上がってからケーキを放置しすぎると、冷え固まってはずしにくくなるので注意する。

【キンカンのシロップ煮】

材料（15cm ケーキ丸型　1台分）

キンカン ……… 1パック(200〜250g)
グラニュー糖 ……… 30g
レモン果汁 ……… 小さじ1

作り方

1 キンカンは、半割（大きいものは1/4カット）にし、ヘタと種を取る。

2 鍋にすべての材料を入れて火にかけ、焦げないように混ぜる。グラニュー糖が溶けて全体にいきわたり、キンカンにつやが出たら火を止める。

3 ザルにあげ、キンカンとシロップ（煮汁）を分けておく。

【和田さんよりひとこと】

焼き上がったケーキは、キンカンがつやつやで宝石のようにきれいです。キンカンは、柑橘類特有の苦味が少なく、優しい酸味で食べやすいです。プチプチ食感のポピーシードとの相性も良く、毎年楽しみにしてくださっているファンが多いケーキです。

Strawberry upside-down Cakes

イチゴのアップサイドダウンケーキ

焼き上がりの色をきれいに仕上げるために、イチゴは「紅ほっぺ」を使用したこだわりのレシピ。

材料（15cm ケーキ丸型　1台分）

イチゴ（紅ほっぺ）……2/3パック（約160g）
グラニュー糖……20g（**A**）

無塩バター……100g
グラニュー糖……100g（**B**）
卵……2個（100g）
薄力粉……100g
アーモンドパウダー……20g
ベーキングパウダー……5g

下準備

- 卵を常温に戻しておく。
- バターは指がすっと入るくらいの柔らかさに戻しておく。
- 丸型の底と側面にオーブンシートを敷いておく。
- オーブンは160℃に予熱しておく。

作り方

1 型の底にグラニュー糖（**A**）をまんべんなくふりかけ、ヘタをとり、半割り（大きいものは3枚スライス）にしたイチゴをランダムに敷きつめる。

2 ボウルに、バター、グラニュー糖（**B**）を入れ、ハンドミキサーでクリーム状になるまで混ぜる。

3 溶きほぐした卵を3回に分けて加え、その都度、しっかり混ぜる。

4 薄力粉、アーモンドパウダー、ベーキングパウダーを合わせてふるい入れ、ゴムベラでさっくりと混ぜる。

5 粉けが無くなったら、1の上に生地を入れ、表面をゴムベラでそっとならす。

6 160℃のオーブンで、45分焼く。

7 焼きあがったら網の上に取り、5分たったらひっくり返し、型から外す。

※ イチゴの品種によっては、焼き上がりに色があせる場合があるので、赤色がきれいに出る「紅ほっぺ」がおすすめ。

紅茶とのペアリング

キャンディは、スリランカ産の紅茶。渋みが弱く、酸味のあるお菓子によく合います。ストレートでもミルクでも楽しめます。
ベリーズベリーはイチゴのフレーバーティーで、イチゴづくしの贅沢なティータイムが楽しめます。

Summer Puddings

サマープディング

英国ではベリーの旬は夏。サマープディングは、これぞ英国の夏の風物詩！　といえるお菓子。バターやオイルを使わないため、ヘルシーでさっぱりしていて、日本の夏にもぴったりです。

材料（ミニプリンカップ130ml　約11個分）
※通常のプリンカップ5～6個

食パン ……… 1斤（12枚切り）
冷凍ミックスベリー ……… 300g
冷凍ストロベリー ……… 300g
グラニュー糖 ……… 300g
レモン果汁 ……… 大さじ1

下準備

- 食パン以外の材料を鍋に入れて、約30分おく。
- 食パンは、使用するプリンカップのサイズに合わせて、底とフタ用に丸型で22個抜いておく。
- 残りの食パンは耳を落として、側面用にカップの高さに合わせてカットしておく。

作り方

1 食パン以外を中火にかけ、焦げないようにときどき混ぜながら、全体が煮立ったら火を止め、アクをとる。

2 1をザルにあけ、具とシロップに分けておく。

3 底用の食パンをシロップにくぐらせ、プリンカップの底に敷いていく。

4 側面用の食パンを3と同様にシロップにくぐらせ、プリンカップの側面に隙間ができないよう敷きつめる。

5 4に、ベリーの具をスプーンで入れ、軽くスプーンの背で押す。

6 5にシロップをスプーンで足し入れ、シロップにくぐらせたフタ用の食パンでフタをする。

7 プリンカップのフタ（なければラップ）をし、冷蔵庫で2時間以上冷やす。

8 7をお皿にプリンカップから取り出し、お好みでバニラアイス（またはホイップクリーム）を乗せ、飾り用のベリーやミント（分量外）を飾る。

紅茶とのペアリング

ディンブラは、スリランカ産の紅茶。適度な渋みと香りのバランスが良く、甘いお菓子との相性が抜群です。アイスティーにもおすすめです。ストレート、ミルクティーいずれも合います。

【和田さんよりひとこと】

冷凍ミックスベリーは、ブルーベリーやブラックベリー等、黒っぽい色のベリーが入っているため、ミックスベリーのみを使用すると、プディングが赤黒くなってしまいます。当店では、赤く仕上げるために冷凍ストロベリーを多く配合しています。

Lemon Drizzle Cakes

レモンドリズルケーキ

「ドリズル」とは、しとしと降る雨のこと。レモンシロップを含ませたパウンドケーキに、
レモンアイシングをかけた、甘酸っぱさいっぱいの英国菓子の定番です。

作り方

1 ボウルに、バター、グラニュー糖を入れ、ハンドミキサーでクリーム状になるまで混ぜる。

2 1に溶きほぐした卵を3回に分けて加え、その都度しっかり混ぜる。

3 2に薄力粉、ベーキングパウダーをふるい入れ、ゴムベラに持ち替えてさっくりと混ぜる。

4 粉けが無くなったら、牛乳、レモン果皮を加え、生地につやが出るまでしっかり混ぜる。

5 4を型に入れ、160℃のオーブンで約40分焼く。

6 小鍋にレモンシロップの材料を入れて火にかけ、グラニュー糖を溶かし、ひと煮立ちしたら火を止める。

7 5が焼き上がったら型から外し網にとり、熱いうちにレモンシロップをハケでまんべんなく打ち、粗熱をとる。

8 ボウルにレモンアイシングの材料を入れ、スプーンでダマがなくなるまで混ぜ、ケーキにかける。

※レモンは国産、もしくはノンケミカルレモンを使用する。
※上記が手に入らない場合は、レモン果皮はなくてもOK。
※レモン果汁は、市販のレモンジュース（ストレート果汁）でも可。その場合、香料不使用のものがおすすめ。

【 和田さんよりひとこと 】

レモン果皮、レモンシロップ、レモンアイシングと、3段階でレモンを楽しめるレモンケーキ。夏は特に人気のケーキで、暑い日でもペロリと食べられます。

材料（Lパウンド型　1台分）

無塩バター ……… 100g
微粒子グラニュー糖 ……… 100g
卵 ……… 2個（100g）
薄力粉 ……… 100g
ベーキングパウダー ……… 4g
牛乳 ……… 大さじ1
レモン果皮 ……… 1個分

【レモンシロップ】

グラニュー糖 ……… 20g
レモン果汁 ……… 20ml

【レモンアイシング】

粉糖 ……… 50g
レモン果汁 ……… 10ml

下準備

- 卵を常温に戻しておく。
- 無塩バターは指がすっと入るくらいの柔らかさになるよう、常温に戻しておく。
- 型にオーブンシートを敷く。
- オーブンは160℃に予熱しておく。
- レモンを洗い、果皮（黄色い部分）をすり下ろしておく。

紅茶とのペアリング

ダージリンセカンドフラッシュは、マスカットのようなフルーティな香りが特徴のストレート向きの紅茶。フルーツを使ったシンプルなお菓子によく合います。

ショートブレッドの作り方

Shortbreads

ショートブレッド

材料（直径5.5cmの菊型　16枚〜20枚分）

薄力粉 ……… 120g
米粉 ……… 30g
無塩バター ……… 100g
粉糖 ……… 50g
塩 ……… 1.5g

下準備

- 無塩バターを、1cm角にカットして冷やしておく。
- 天板にオーブンシートを敷いておく。
- オーブンを150℃に予熱しておく。

ショートとは「サクサク」という意味。スコットランドから伝わった、イギリスの伝統的なビスケットです。ベリーズティールームでは米粉を使い、よりサクサク&薄く仕上げています。

1

バター以外のすべての材料を合わせて、スタンドミキサーのボウルにふるい入れる。

2

1にバターを入れ、低速で混ぜる。

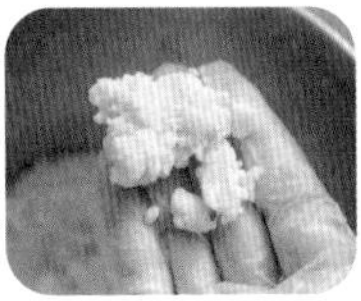

Point

しっとりまとまった生地。
こねると生地が固くなるので注意すること。

3

バターが細かくなったら、中速にして、全体がしっとりしてまとまるまで混ぜる。

Point

麺棒に生地が付くようなら、
生地にラップをかぶせ、
その上からめん棒で伸ばす。
打ち粉は生地が固くなるので、
なるべく使わないこと。

4

シルパットに生地を乗せ、麺棒で3mmの厚さにのばす。

5

4を冷蔵庫で
30分以上冷やす。

6

5の生地を型抜きし、天板に間隔をあけて並べる。

7

150℃のオーブンで15分～20分、様子を見ながら焼く。焼き色が付きすぎないよう注意する。

【和田さんよりひとこと】

ベリーズティールームでは、ショートブレッドと紅茶のセットをご提供しています。ショートブレッドは、米粉が入ってサクサクとした触感が特徴です。オリジナルの缶には、上段にプレーン（3枚）、紫芋（3枚）、下段には紅茶のティーバック（貴婦人ブレンド8個）が入っています。プレゼントやご自宅へのおみやげにもご利用いただいています。

Shortbread and Original blend Tea

ラベンダーのショートブレッド

ラベンダーの風味がほのかに香る、ショートブレッドです。ドライラベンダー以外にも、レモンの皮、ジンジャーパウダーなど、お好みのものを混ぜるのもおすすめです。

【和田さんよりひとこと】

ショートブレッドは、米粉が入ることによりサクサク感が増します。米粉がなければ、小麦粉に置き換えてもOKです。お店ではスタンドミキサーを使用していますが、フードプロセッサーでも作ることができます。
プレーン以外にもドライラベンダー、レモン果皮、ジンジャーパウダーなど加えると、味の変化を楽しめます。

材料（直径5.5cmの菊型　16枚〜20枚分）

薄力粉 ……… 120g
米粉 ……… 30g
無塩バター ……… 100g
粉糖 ……… 50g
塩 ……… 1.5g
ドライラベンダー ……… ひとつまみ

下準備

- バターを、1cm角にカットして冷やしておく。
- 天板にオーブンシートを敷いておく。
- オーブンを150℃に予熱しておく。

作り方

1 「ショートブレッド」(P.148〜150)と手順は同じ。手順3でラベンダーを加えて全体を混ぜ、生地をまとめればOK。

Rhubarb Crumble Tarts

ルバーブクランブルタルト

ルバーブは野菜ですが、イギリスではお菓子の材料としてとってもポピュラー。
酸味のあるフルーツなどと相性のよい、サクサクのクランブル粉をたっぷりかけて。

材料（18cm タルト型　1台分）

ショートクラストペストリー
……… 1台分（作り方はP.96参照）

【アーモンドクリーム】

無塩バター ……… 40g
微粒子グラニュー糖 ……… 40g
卵 ……… 40g
アーモンドパウダー ……… 40g
薄力粉 ……… 8g

赤いルバーブ ……… 120g
クランブル粉 ……… 120g

下準備

- 卵とバターは指がすっと入るくらいになるよう常温に戻しておく。
- アーモンドパウダーと薄力粉は、あわせてふるっておく。

【クランブル粉】

材料（作りやすい分量）

無塩バター ……… 100g
三温糖 ……… 100g
薄力粉 ……… 180g

下準備

- バターは指がすっと入るくらいの柔らかさに戻しておく。

作り方

1 ボウルにバター、三温糖を入れ、クリーム状になるまでゴムベラですり混ぜる。
2 薄力粉をふるい入れ、切るように混ぜる。
3 ポロポロの状態になったらできあがり。

※ クランブル粉は、サクサクとした生地が特徴。英国ではパイ生地のかわりなどによく使い、市販品もある。

紅茶とのペアリング

浜田山は、当店オリジナルのスリランカブレンドティー。程よい渋みが、熱々のルバーブクランブルに合わせると、口の中をさっぱりしてくれておすすめです。

作り方

1 ショートクラストペストリーを作り、タルト型に敷き込み、底にフォークで穴を開けて、冷蔵庫で冷やしておく。

2 アーモンドクリームのすべての材料をボウルに入れ、ハンドミキサーで約5分しっかり混ぜ、1に敷きつめる。

3 2〜3cmにカットした赤いルバーブを、2の上に敷きつめる。

4 クランブル粉を3の上にたっぷりふりかけ、160℃のオーブンで45分〜50分焼く。

※ 3で使うルバーブは、冷凍のまま使用してもよい。その場合、焼き時間は5分ほど長くする。

※ クランブル粉に、お好みでシナモンやカルダモンパウダーを加えてもおいしい。

※ タルトのトッピングに、バニラアイスやホイップクリームなどを添えるのもおすすめ。

ルバーブ

日本名では「食用大黄《しょくようだいおう》」という、夏が旬の野菜の一種。セロリのような形状で、赤とグリーンのものがあります。イギリスでは「パイ・プラント」とも呼ばれ、ジャムやパイ、クランブルなどによく使われます。

クランブル粉

クランブルはポロポロした見た目で、サクサク食感のあるクッキー生地の一種です。手軽に作れて、タルト生地の代わりになるので、冷凍庫に常備しておくと便利。冷凍庫で約1ヵ月保存可能で、冷凍のまま焼いても使えます。リンゴやベリーなど、酸味のあるフルーツと相性抜群です。
クランブルの大きさはお好みですが、少し大きめのクランブルの方が、食感に変化が出て個人的に好みです。

【和田さんよりひとこと】

毎年、長野の富士見町から、赤いルバーブを取り寄せており、届いたらすぐに2cm程にカットして冷凍しています。赤いので、ジャムにしても、お菓子に入れても、存在が際立ちます。
酸味が強いので、甘いクランブルとの相性は抜群。焼いてトロトロになったルバーブと、サクサクの甘いクランブル、そこに冷たいバニラアイスを添えると、格別なデザートになります。
ちなみに、当店のヴィクトリアンケーキには、季節によって色々なジャムをサンドしますが、個人的にはルバーブジャムのヴィクトリアンケーキが一番好きです。

Bramley Apple Tarts

ブラムリー アップルタルト

「ブラムリー」という英国原産の
希少な青リンゴを使うと、酸味が強く、
より甘酸っぱいメリハリのある仕上がりに。
和田さんお気に入りのお菓子のひとつです。

【アーモンドクリーム】

材料

- 無塩バター ……… 40g
- 微粒子グラニュー糖 ……… 40g
- 卵 ……… 40g
- アーモンドパウダー ……… 40g
- 薄力粉 ……… 8g
- オールスパイス ……… 0.5g

（アーモンドパウダー、薄力粉、オールスパイスは）合わせてふるっておく

下準備

- 卵とバターは指がすっと入るくらいになるよう常温に戻しておく。
- アーモンドパウダーと薄力粉は、あわせてふるっておく。

紅茶とのペアリング

ヌワラエリヤは、スリランカ紅茶のひとつ。高産地の茶葉で、緑茶のようなキリっとした渋みが特徴。ブーケのような香りと、爽やかな味わいで、リンゴとの相性が良いです。

材料（18cm タルト型　1台分）

ショートクラストペストリー ……… 1台分
（作り方は P.90参照）
アーモンドクリーム
ブラムリーアップル ……… 正味200g
グラニュー糖 ……… 大さじ1
シナモン ……… 少々

作り方

1 ショートクラストペストリーを作り、タルト型に敷き込み、底にフォークで穴を開けて、冷蔵庫で冷やしておく。

2 アーモンドクリームのすべての材料をボウルに入れ、ハンドミキサーで約5分しっかり混ぜ、1に敷きつめる。

3 ブラムリーアップルは皮をむいて、薄いくし切りにして並べる。

4 シナモン、グラニュー糖を上に振りかける。

5 160℃に予熱したオーブンで、約35分~40分焼く。

※タルトは温かい状態だと脆く壊れやすいため、冷めて固くなってから型からはずす。

【和田さんよりひとこと】

ブラムリーアップルは、英国原産の、酸味の強いリンゴです。当店では、毎年長野県小布施町から取り寄せています。生食には向きませんが、お菓子に焼きこむと酸味がはっきりと際立ち、メリハリのある味わいに仕上がります。私は、甘いだけのお菓子より、酸味のあるフルーツと組み合わせるのが好きなので、季節のフルーツを焼きこんだお菓子は大好きです。

Coffee & Walnuts Cakes

コーヒー&ウォールナッツケーキ

英国菓子の中で、定番中の定番。
コーヒーのコクが、意外にも紅茶とマッチします。
ルフナなど、コクのある茶葉を使った
ミルクティーとご一緒に。

材料（15cm 丸型　1台分）

無塩バター……100g
微粒子グラニュー糖……100g
卵……2個（約100g）
薄力粉……100g
ベーキングパウダー……4g
塩……ひとつまみ
牛乳……20ml
インスタントコーヒー……3g
（牛乳、インスタントコーヒーは混ぜて溶かしておく（A））

【コーヒークリーム】

材料

無塩バター ……… 65 g
粉糖 ……… 65 g
インスタントコーヒー ……… 3g ┐混ぜて溶かしておく（B）
ブランデー ……… 3g ┘
クルミ ……… 適量（ローストしておく）

作り方

1 常温に戻したバターと粉糖をボウルに入れ、ハンドミキサーで、白っぽくふわっとするまで混ぜる。

2 Bを加え、ムラがなくなるまで混ぜる。

仕上げ

1 粗熱がとれたケーキを横半分にスライスし、クリームの半量を挟み、残りの半量を上に塗る。

2 ケーキの上にクルミを飾る。お好みでインスタントコーヒー（分量外）を散らす。

※ インスタントコーヒーは、溶けやすいものが使いやすい。

作り方

1 バター、卵を常温に戻しておく。オーブンを160℃に予熱しておく。

2 バター、グラニュー糖をボウルに入れ、ハンドミキサーでクリーム状になるまで混ぜる。

3 溶きほぐした卵を3回に分けて加え、その都度しっかり混ぜる。

4 薄力粉、ベーキングパウダーを合わせて、3にふるい入れる。

5 ゴムベラに持ちかえて、粉けが無くなるまで、さっくりと混ぜる。

6 Aを加え、ムラが無くなり生地につやが出るまで、しっかり混ぜる。

7 オーブンシートを敷いた型に、生地を流し入れ、空気を抜くように、10cm上から落とす。

8 160℃のオーブンで40分焼く。

9 焼きあがったら10cmの高さから軽く落とし、網にとって冷ます。粗熱がとれたら型から外す。

※ 焼き立てのケーキは柔らかく崩れやすく、また型が熱くて危ないので、粗熱がとれてから型からはずす。

紅茶とのペアリング

ルフナは、スリランカ紅茶です。低産地の茶葉で、スモーキーな香りとコクが特徴。濃厚なバタークリームのお菓子にも負けません。ミルクティーに向いています。

Banana & Toffee Cakes

バナナ&トフィーケーキ

バナナとトフィーの組み合わせは最強！
オールスパイスを入れると、
グッと引き締まります。
寒い季節に食べたくなる、
どっしり濃厚なケーキで、紅茶にぴったりです。

材料（15cm 丸型　1台分）

卵 …… 2個(100g)
ブラウンシュガー …… 80g
サラダ油 …… 100g
A ［ 薄力粉 …… 65g
　　強力粉 …… 65g
　　ベーキングパウダー …… 6g ］
オールスパイス …… 小さじ1/2
バナナ …… 100g
トフィークリーム …… 50g
飾り用バナナ …… 1本　※輪切りにしておく

作り方

1 型の底と側面にオーブンシートを敷き、底にトフィークリームを塗り広げる。その上に、輪切りにした飾り用バナナを並べる。

2 オーブンを160℃に予熱しておく。

3 ボウルに卵とブラウンシュガーを入れ、泡立たせないようにハンドミキサーで混ぜる。

4 サラダ油を加え、しっかり混ぜる。

5 2にAをふるい入れ、ゴムベラで混ぜる。

6 粉けが無くなったら、フォークの背で粗くつぶしたバナナを加え、全体が混ざったらOK。

7 1に5を流し入れ、160℃のオーブンで約45分焼く。

8 焼きあがったら網の上に乗せ、5分経ったら逆さまにし、型を外して冷ます。

※ バナナは、シュガースポットがある熟れたバナナがおすすめ。

紅茶とのペアリング

ケニアの紅茶は、産地はアフリカのケニアの北東部の麓、標高2,000m前後に位置しています。程よい降雨があり、平均気温17℃、湿気が少なく朝晩は冷え込む、紅茶の生育に適した高原地帯です。農薬を使わず、手作業で丁寧に作られた、濃厚ながらも渋みは少なく、飲みやすい紅茶です。
バナナやトフィーなど甘いお菓子にぴったり。ミルクティーに向いています。

【トフィークリーム】

作り方

1 コンデンスミルク（約400g缶入り）を、たっぷりのお湯を淹れた鍋で、缶のまま（開封せずに）約3時間煮る。

※ お湯が少なくなってきたら途中で足す。

※ コンデンスミルクのチューブ（約150g）の場合は、1時間半煮る。

2 煮終わったら、缶のまま冷ましておく。

Bakewell Tarts

ベイクウェルタルト

ベイクウェルという町で誕生したお菓子。ショートクラストペストリー生地に、酸味のあるジャム、アーモンドクリーム、スライスアーモンド、というシンプルな組み立てで、どこか懐かしい味がします。

【ショートクラストペストリー】

材料（18cm タルト　1台分）

薄力粉 ……… 90g
全粒粉 ……… 23g
無塩バター ……… 54g（1cm 角にカットして冷やしておく）
塩 ……… 1g
冷水 ……… 20～30ml

ラズベリージャム ……… 50g

【和田さんよりひとこと】

ベイクウェルのお菓子には、他にベイクウェルプディング、ベイクウェルケーキがあります。それぞれ少しずつ違いますが、ベイクウェルタルトがいちばんのお気に入りです。

【アーモンドクリーム】

材料（1台分）

無塩バター ……… 80g
微粒子グラニュー糖 ……… 80g
卵 ……… 80g
アーモンドパウダー ……… 80g
薄力粉 ……… 15g
生アーモンドスライス ……… 25g

下準備

- 卵を常温に戻しておく。
- バターは指がすっと入るくらいの柔らかさになるよう、常温に戻しておく。
- アーモンドパウダー、薄力粉は合わせてふるっておく。
- オーブンは160℃に予熱しておく。

作り方

1 ボウルに、すべての材料（生アーモンドスライス以外）を入れ、ハンドミキサーで5分ほど混ぜて、アーモンドクリームを作る。

2 冷やしておいたタルト型にラズベリージャムを埋めるように**1**をつめる。

3 表面をパレットナイフやゴムベラなどでならし、生アーモンドスライスをまんべんなく散らす。

4 160℃のオーブンで、約45分焼く。

5 焼き上がったら網にとって冷ます。

6 冷めたら型から外し、あれば溶けない粉糖（分量外）をふる。

紅茶とのペアリング

ウバは、スリランカ紅茶。高産地の茶葉で渋みがあり、スーッとしたメントールのような香気が特徴。ベイクウェルタルトのように、甘くコクのあるお菓子と合わせるのがおすすめ。

【和田さんよりひとこと】

ショートクラストペストリーは、季節や気候によって、水分の必要量が違います。作るときには、冷水を少しずつ加えるのがポイントです。

作り方

1 ショートクラストペストリーを作る。スタンドミキサー（またはフードプロセッサー）に、薄力粉、バター、塩を入れ、粉チーズ状になるまで混ぜる。

2 冷水を少しずつ加え、ひとまとめなったら止める。

3 麺棒で、タルト型より少し大きめに生地を伸ばし、型に敷き込む。

4 フォークで底にまんべんなく穴をあけ、ラズベリージャムを塗り広げ、冷蔵庫に入れておく。

※季節や気候によって水分の必要量が増減するので、一度に入れず、少しずつ加える。

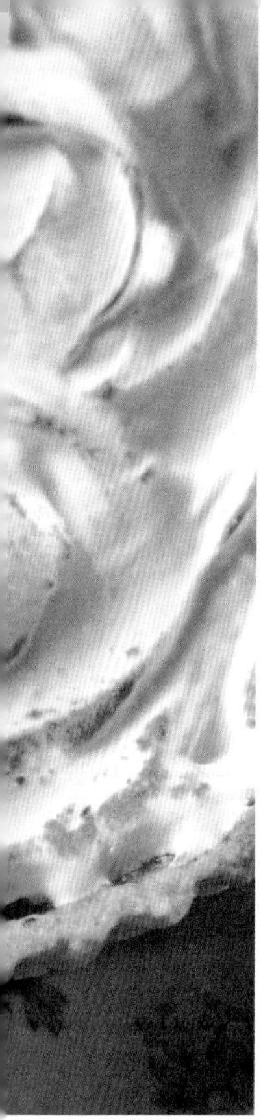

Lemon Meringue pies

レモンメレンゲパイ

パイ、レモンフィリング、メレンゲと、
手間のかかるお菓子ですが、味わいは格別です。
レモンの爽やかな酸味と甘いメレンゲのバランスが絶妙で、
いくらでもいけてしまう危険なお菓子です。

材料（18cm タルト型　1台分）

薄力粉 ……… 90g
粉糖 ……… 10g
無塩バター ……… 50g
卵黄 ……… 1/2個
冷水 ……… 大さじ1/2

下準備

- 無塩バターは1cm角に刻み、冷蔵庫で冷やしておく。
- オーブンは160℃に予熱しておく。

作り方

1 薄力粉、粉糖、バターを、フードプロセッサーに入れ、バターの粒がなくなるまで混ぜる。

2 1に卵黄、冷水を加え、ひとまとまりになったら止め、冷蔵庫で30分以上冷やす。

3 2を麺棒で伸ばし、タルト型より少し大きめに生地を伸ばし、型に敷き込み、底にフォークで穴を開ける。

4 3の中にオーブンシートを敷き、その上にタルトストーン（製菓用重石）を敷きつめて、160℃のオーブンで15分焼く。

5 4のオーブンシートと重石を外し、さらに10分～15分焼く。表面に焼き色が付けばOK。

【レモンフィリング】

材料

レモン果皮 ……… 1個分
卵 ……… 70g
グラニュー糖 ……… 60g
レモン果汁 ……… 40ml
生クリーム（乳脂肪分35%）
……… 60ml

下準備

- レモン果皮はすりおろしておく。
- オーブンは150℃に予熱しておく。

作り方

1 グラニュー糖、卵をボウルに入れ、ホイッパーですり混ぜる。

2 1に生クリーム、レモン果汁、レモン果皮を加えて混ぜる。

3 焼きあがったパイに2のフィリングを入れ、150℃のオーブンで12分～15分焼く。

※パイからあふれないように、フィリングの量は8分目まで入れる。
※焼き上がりは全体を少しゆらして、中央がゆれるくらいがベスト。
※レモンは、国産レモンかノンケミカルレモンを使用する。

仕上げ

粗熱がとれたフィリングの上にメレンゲを乗せ、バーナーで焼き目をつける。

※バーナーが無ければ、160℃に予熱したオーブンで、うっすら焼き色がつくまで、様子を見ながら数分焼く。

紅茶とのペアリング

キームンは、世界三大銘茶のひとつで、中国の紅茶。旬のものは蘭の香りがすると言われ、渋みはなく、エキゾチックな香りが特徴。レモンなど酸味のあるお菓子に合います。

【トッピング（メレンゲ）】

材料

卵白 ……… 1個分
グラニュー糖 ……… 50g

作り方

1 卵白をボウルに入れ、冷凍庫に5分程入れて、半冷凍にする。

2 ハンドミキサー（高速）で泡立てて、グラニュー糖を3回に分けて加え、その都度しっかり混ぜ、固めに仕上げる。

3 最後に低速で1分程混ぜて、メレンゲのキメを整える。

※卵白を入れるボウルは、油分がついていると泡立ちにくくなるので注意。

ベリーズティールーム・ストーリー3
【経営拡大編】

現在、そして未来への展望

Text by *Mayumi Wada*

平日はひとりで切り盛りしていましたが、週末だけは、アルバイトをお願いしていました。そんな矢先、妊娠が発覚、31歳の時でした。

この時、「お店、どうしよう」とまっさきに思いました。閉店危機を脱したと言っても、「赤字ではない」程度。借入金の返済もあり、出産し店を休んだら、家賃や開店資金の返済もままなりません。

出産後は、保育園が休みの日曜日を定休にし、営業時間を見直して続けていこう、と考えました。

出産後2か月で復帰、初「英国展」へ

転機は、妊娠9ヵ月だった２０１５年5月、日本橋三越本店「英国展」への出店依頼でした。出産予定は、２０１５年7月で英国展の会期は２０１５年9月。せっかくのチャンスです。「出産して2ヵ月経っているので、大丈夫だろう」と出店を決めました。

計画出産で、予定日より2週間早く出産日を決め、お店は出産の5日前まで営業しました。最後の1ヵ月は、産休の告知をしていたため、お客様が多く来店してくださいました。大きなお腹で、1人で営業していたので、お客様が気遣ってくださり、とても温かい店内でした。

２０１５年6月出産後、まずはスタッフを募集しま

した。百貨店の催事に出店が決まったため、一大決心。「店長」を雇い、自分が急に休んでも、店がまわるようにするためです。

人を雇い入れる時は「ひとりでは手が回らなくなったから人を雇う」か「人を雇って事業を拡大して売上を上げる」のどちらかです。自分の給料すら小遣い程度しか出せていなかったのに、フルタイムのスタッフの給料が払えるのか？という不安はありましたが、後者に賭けたのです。

結果は大成功。とてもいい店長との出会いがあり、その分売上も上がり、毎月の給料も払えるように。出産後2ヵ月で復帰しましたが、息子はすぐに保育園に入れず、一時保育や実家や義実家に預けたり辛い日々でしたが、店長のおかげでお店は維持できました。2年後に故郷に帰るまで、店長として勤めてくれて、本当に感謝しています。

連日大行列「英国展」は大成功！

２０１５年９月、初出店の日本橋三越「英国展」。前年の「英国展」には、客として遊びに行っていたのですが、その時に見たイートインは、簡素な雰囲気でした。イートインスペースを依頼された時に、食器はお店のように華やかにしたい、と思ったので、エインズレイ・ジャパンの社長にお願いし、「イングリッシュバイオレット」柄のティーカップ&ソーサー、サンドイッチトレイ、ケーキ皿を自費でレンタルしました。

「イートインの食器までこだわってくれた出店者は、今までいなかった！」と感激してくれた英国展のバイヤーは、イートインでお出しする「英国菓子5種セット」、「クランペット」の写真を、大々的にチラシや地下通路のポスターに掲載してくれて、連日大行列となったのです。バイヤーから「この時に英国展に火が点いた」と言われたほどで、それまでの隔年開催が毎年開催になり、会期も2週間に拡大されて、今や一大イベントになりました。ありがたいことに毎年お声がけいただき、２０２２年で８期連続出店となりました。

「英国展」に出店するようになって、全国から来てくださるお客様が増え、ネットショップの注文も増えました。お店のキッチンは小さかったので「一度にたくさん焼ける業務用オーブンが欲しい」、「せっかく遠方から来てくださるお客様に、『はるばる来てよかった！』と思ってほしい」そんな想いが募り、「移転」を考えるようになりました。オープンして5年経った頃です。

移転先はクラシカル&ゴージャスな内装、他に類を見ないティールームに

移転先は浜田山からは離れず、駅近、広さも家賃も現店舗の倍くらいを目途に物件を探しました。そして出会った駅前の商店街にある物件は、ほぼ希望通りの広さ、家賃です。２階店舗でしたが、ある程度、お店が認知されているので大丈夫かなと思い契約しました。

物件の中はスケルトン状態だったので、英国住宅専門の設計事務所「コッツワールド」に依頼し、「イメージカラーはピンクとブラウン」、「ヴィクトリア朝」という大まかなイメージを伝え、内装工事開始です。アンティークテーブルやヴィンテージ食器が映える、クラシカルかつゴージャスな内装に仕上がり、他に類を見ないティールームとなりました。

２０１８年10月、新店舗で営業再開です。規模を拡大し、スタッフが増え、お客様が増え、目の回るような忙しい日々になりました。

コロナ禍で営業の危機!? ネット販売でバズる

そして移転して1年が過ぎた頃、コロナ禍が襲います。かき入れ時の週末に外出自粛要請が出て、急遽、臨時休業に。一杯だった予約表は、キャンセルの赤線が増え、やがて予約ゼロに。私はひとり、それを呆然と眺めていました。

しばらくして、緊急事態宣言の発表。なすすべもなく、お店は長期休業に追い込まれます。移転のために借入した資金の返済、毎月の家賃の支払いがあるのに、状況は悪化する一方で、営業再開の目途は立たず……。国からの一時支援金の給付がありましたが、家賃支払いや必要経費を支払うと3ヵ月も持ちません。

そこで、ネットショップに注力しました。それまでは実店舗が忙しく、ネットショップは片手間での運営でしたが、すでにサイトを持っていたことで、間を空けずスムーズに展開できました。

ネットでは「おうちティータイム応援セット」として、英国菓子とスコーンのセットを販売。「飲食店を応援しよ

う」という風潮が追い風となりSNSでバズり、なんと350セット超の注文が入ったのです。これほどの注文を受けたことがなかったためにキャパオーバー！ 徹夜でケーキを焼き続けました。その後、お店は金・土・日曜

日のみ、12時〜17時の営業と縮小しました。営業日以外はネットショップの注文の製造・発送をしながら、現在に至ります。

新たなる挑戦の2店舗目へ

コロナの煽りは大いに受けましたが、ネットショップにすぐに切り替えたことが功を奏し、2020年の売上はコロナ前の2019年と変わらず、維持することができました。その後もネットショップでの英国菓子の注文は衰えず、コロナ前の7倍くらいで落ち着きました。これほどまでに全国から英国菓子の注文が入ることは、暗いコロナ禍中で得た、新たな発見と希望でした。

2022年初夏、新たな話が舞い込みます。

親族が購入した高円寺の建物の1階でお店をやらないか、という話です。浜田山のティールームのキッチンよりも小さい店内です。

英国菓子&グルテンフリー&紅茶の店として、2022年12月、プレオープンしました。

column

進化する日本のアフタヌーンティー

アフタヌーンティーという文化はイギリスで生まれたものですが、ここ数年、日本でのアフタヌーンティーの流行は、すごいものがありますね。イギリスでアフタヌーンティーの取材を重ねてきましたが、日本には日本らしいアイディアが満載で、つくづくおもしろくおいしくて、目が離せません。アフタヌーンティー友達を作って、最近はプライベートで行くようになりました。

日本で初めてアフタヌーンティー・メニューを提供したのは、1992年、ホテル椿山荘東京だそうです。私がこちらに初めて訪れたのは、いつだったかな? 春の季節でした。ヨモギのスコーンと小豆のクロテッドクリームが、私にとっては衝撃的でした。日本のアフタヌーン

かつて私が訪れたときの、ホテル椿山荘東京のアフタヌーンティー。

Text by *Yumi Koseki*

ティー、とくにホテルでは、こうした「日本らしさ」を今も演出しているところが多いようです。イギリス好きな私にとって、最初はとまどいましたが、おいしければそれでよし。和と洋、ときには中華やインドなども入ったアフタヌーンティーなど、多種多様になってきました。

その中でも予約困難、ときによっては半年待ちというザ・キャピトルホテル東急のラウンジ「ORIGAMI」のアフタヌーンティーでは、静岡県駿河竹千筋細工の工房に特注した、オールハンドメイドのティースタンドを使用。スタンドの上部には「淡路結び」という水引がついている、とサービスしてくれたスタッフが親切に教えてくれました。かごのようなティースタンドの中から登場した繊細なティーフーズは、いずれもすばらしく美味。それも作りたてだったようで、ちょっとおしゃべりしている間に、様子が変わっていくお菓子もありました。

パレスホテル東京のアフタヌーンティーは、お寿司やごはんが付くのが特徴で、和菓子なども重箱に美しく納まっていて、イギリスの友人が日本に来たら、ぜひともおすすめしたいもの

竹細工の特注ティースタンド。

「ザ・キャピトルホテル東急」のアフタヌーンティーのティーフーズ。

です。お茶の種類も豊富で、抹茶も楽しむことができます。日本のアフタヌーンティーのメニューは、季節や企画によってよく変わるので、リピーター・ファンにも楽しい仕掛けが考えられています。

イギリスのアフタヌーンティーと日本で大きく違うのは、客層です。日本では女性同士がほとんどですが、イギリスでは接待のために男性同士、あるいは誕生日会、金婚式などの記念日に家族や友人が集うというシーンも多く見かけます。

アフタヌーンティー・スポットはやはり東京がもっとも多いのですが、地方を旅したときに、その地でローカルなアフタヌーンティーを味わうのもおすすめします。最近では奈良のアフタヌーンティーへ行ってきました。

(上)「パレスホテル東京」のアフタヌーンティー。(下)「ホテルニューオータニ東京」のアフタヌーンティー。

私はランチがわりにお昼ごはんの時間、アフタヌーンティーをいただくのが気に入っています。フレンチや懐石のコースのように一皿ずつサービスされるよりも、いっぺんに出てきて時間も短縮になるし、好きなものを好きなタイミングで食べることができ、友人たちとの話もはずみます。好きな紅茶を心ゆくまでたくさん飲むことができるのも、気に入っているポイントです。

『おわりに』

以前、Cha tea紅茶教室主宰の立川碧先生から
「真弓ちゃんていう、すごいがんばり屋さんの子がいるのよ」と、
おうわさをお聞きしていたのですが、
そのご本人、ベリーズティールームの和田真弓さんと、書籍をご一緒に作るとは、
そのときには思いもよりませんでした。

あるときベリーズティールームにおうかがいして、話をお聞きしていたとき、
「そういえば、和田さんは本をお出しにならないんですか？」とたずねたところ、
すぐに、「出したいです！」というお返事が。
それならば、ぜひアフタヌーンティーをご紹介させてください、
ついては和田さんのお菓子の作り方や、
お店の作り方、マネジメントなども……。
と、内容を考え、いざ製作にとりかかると、
なごやかに撮影は始まり、さくさくと原稿が進みました。

これはひとえに、和田さんのお力によるものです。
お忙しいなか、すぐに必要なものを揃えてくださり、
今回、私は編集も担当したので、
ベリーズティールームというお店と、和田真弓さんを

どのように本の中でご紹介しようか？ という
楽しい作業に集中することができました。

本の製作を進めている間に、
和田さんは残りの原稿を書きながら、
新店舗「ベリーズベイク」をご準備、
そして２０２２年12月にプレオープンされました！
すごいパワーです。
和田さんはこれからもますます、進化なさっていくことでしょう。
そのご活躍も拝見するのが楽しみです。

本の企画を快諾、ご一緒に製作してくださった
誠文堂新光社の黒田麻紀さん、
美しい撮影を手早くおこなってくださったカメラマンの岡本譲治さん、
スタイリングとお花をありがとう！ 葛西知子さん、石畑真有美さん。
そして、いつもステキなデザインをしてくださる小野口広子さん、
この本に携わってくださったみなさまに、心から感謝を。

２０２２年12月　急に寒くなった日に

小関由美

Yumi Koseki

小関由美

出版社勤務を経て、
1989年の渡英以来、文筆業のかたわら、
アンティークビジネス「Bebe's Antiques」も営業中。
主な著書に
『英国アフタヌーンティーとお菓子』（講談社）
『スコーン大好き！いちばん愛される英国菓子15人のとっておきレシピ』、
『英国菓子Lazy Daisy Bakeryのおいしい秘密』
小関由美・中山真由美［共著］（誠文堂新光社）
など、
英国文化に関する多くの著作を執筆。

Mayumi Wada

和田真弓

1983年愛知県生まれ。
ティールームオーナー。
会社員時代に通った紅茶教室で、紅茶の魅力に魅せられ、
2013年東京浜田山に本格紅茶とイギリス菓子の店
「ベリーズティールーム」を開店。
2018年に駅前に移転。
オンラインストアでイギリス菓子販売、
百貨店等の催事出店や
ウェディングへのお菓子提供など行う。
2022年に高円寺に焼菓子屋「ベリーズベイク」を開店。

STAFF	カバー・本文デザイン	小野口広子（ベランダ）
	撮影	岡本譲治
	スタイリング	葛西知子（Design Team liviu）
	フラワーデザイン	石畑真有美（Design Team liviu）
	調理アシスタント	小柳抄公子（ベリーズティールーム）
	編集協力	小関由美

協力 タスマンインターナショナル（株）
英国アンティーク　ローズコテージ
ボタニーアイ
（株）コッツワールド

ティールームで成功《せいこう》する、お店《みせ》づくりの素敵《すてき》なこだわり

ベリーズティールームの
本《ほん》格《かく》紅《こう》茶《ちゃ》と英《えい》国《こく》菓《が》子《し》レシピ

2023年2月18日　発　行　　NDC596

著　　者　小《こ》関《せき》由《ゆ》美《み》
　　　　　和《わ》田《だ》真《ま》弓《ゆみ》
発 行 者　小川雄一
発 行 所　株式会社 誠文堂新光社
　　　　　〒113-0033 東京都文京区本郷 3-3-11
　　　　　電話 03-5800-5780
　　　　　https://www.seibundo-shinkosha.net/
印 刷 所　株式会社 大熊整美堂
製 本 所　和光堂 株式会社

ISBN978-4-416-52313-1